U0565154

国家出版基金项目
NATIONAL PUBLICATION FOUNDATION

上海三联人文经典书库

133

希腊化文明四讲

[英]约翰·伯里 主编

焦汉丰 译

THE
HELLENISTIC AGE

上海三联书店

"十四五"国家重点图书出版规划项目

国家出版基金资助项目

总　序

陈　恒

　　自百余年前中国学术开始现代转型以来，我国人文社会科学研究历经几代学者不懈努力已取得了可观成就。学术翻译在其中功不可没，严复的开创之功自不必多说，民国时期译介的西方学术著作更大大促进了汉语学术的发展，有助于我国学人开眼看世界，知外域除坚船利器外尚有学问典章可资引进。20 世纪 80 年代以来，中国学术界又开始了一轮至今势头不衰的引介国外学术著作之浪潮，这对中国知识界学术思想的积累和发展乃至对中国社会进步所起到的推动作用，可谓有目共睹。新一轮西学东渐的同时，中国学者在某些领域也进行了开创性研究，出版了不少重要的论著，发表了不少有价值的论文。借此如株苗之嫁接，已生成糅合东西学术精义的果实。我们有充分的理由企盼着，既有着自身深厚的民族传统为根基、呈现出鲜明的本土问题意识，又吸纳了国际学术界多方面成果的学术研究，将会日益滋长繁荣起来。

　　值得注意的是，20 世纪 80 年代以降，西方学术界自身的转型也越来越改变了其传统的学术形态和研究方法，学术史、科学史、考古史、宗教史、性别史、哲学史、艺术史、人类学、语言学、社会学、民俗学等学科的研究日益繁荣。研究方法、手段、内容日新月异，这些领域的变化在很大程度上改变了整个人文社会科学的面貌，也极大地影响了近年来中国学术界的学术取向。不同学科的学者出于深化各自专业研究的需要，对其他学科知识的渴求也越来越迫切，以求能开阔视野，迸发出学术灵感、思想火花。近年来，我们与国外学术界的交往日渐增强，合格的学术翻译队伍也日益扩大，同时我们也深信，学术垃圾的泛滥只是当今学术生产面相之一隅，高质量、原创作的学术著作也在当今的学术中坚和默坐书斋的读书种子中不断产生。然囿于种种原因，人文社会科学各学科的发展并不平衡，学术出版方面也有畸轻畸重的情形（比如国内还鲜有把国人在海外获得博士学位的优秀论文系统地引介到学术界）。

有鉴于此，我们计划组织出版"上海三联人文经典书库"，将从译介西学成果、推出原创精品、整理已有典籍三方面展开。译介西学成果拟从西方近现代经典（自文艺复兴以来，但以二战前后的西学著作为主）、西方古代经典（文艺复兴前的西方原典）两方面着手；原创精品取"汉语思想系列"为范畴，不断向学术界推出汉语世界精品力作；整理已有典籍则以民国时期的翻译著作为主。现阶段我们拟从历史、考古、宗教、哲学、艺术等领域着手，在上述三个方面对学术宝库进行挖掘，从而为人文社会科学的发展作出一些贡献，以求为 21 世纪中国的学术大厦添一砖一瓦。

目 录

前　言

（路易斯藏品负责人）

本书所收集的文章，除了伯里（Bury）教授的之外，其余都来自今年剑桥大学圣体学院（Corpus Christi College）春季学期的非正式讲座。

在历史上至少有两次因为校友的慷慨大度，本学院得以受益匪浅。首先是公元 1574 年，帕克主教（Archbishop Parker）的手稿集被存放于我们学院的图书馆；大约 300 年以后，塞缪尔·萨维奇·刘易斯（Samuel Savage Lewis），作为学院研究员和帕克手稿的监护人，为学院留下了大量古代艺术、花瓶、钱币和宝石等藏品，这是刘易斯终其一生所积累的藏品。① 虽然这些礼物各不相同，但是数量众多和品种稀有是它们的价值所在，这些特点赋予了它们一种独特的教学价值。得益于伊丽莎白时代的大主教和维多利亚时代的研究员的赞助和保护，现在不少学生得以根据这些第一手资料进行学术研究。

对于一名有才能的人来说，毕业后的 3 年是否不如毕业前 3 年

---

① 刘易斯收藏品的内容在附录中列出。

重要，这一点至少是有争议的。而对于那些追求学术生涯的人来说，则几乎是毫无疑问的。如果没有这个关键时期的个人或非个人的学术灵感，很少有人能在学术生涯里获得真正的成功，而这种灵感在这个关键时期把他们的精力转向激发他们力量的研究工作。一系列由专家主持的关于希腊化时代的非正式讨论，向圣体学院的古典学、历史学的学生们以及其他学院开放，学院曾经用刘易斯的收藏品激励学生们的毕业创作，这些讲座是对其精神上的继承发展。现在选择这个历史时期非常明智，其中的问题非常紧迫，这片新的无垠的历史海洋是那么富有浪漫气息，仍然还没有被人们进行完全探测，那些卓越的水手能够很好地诉说关于历史海洋的一切，但是到目前为止，只有一小部分人能够航行到足够远的地方，同时又能把船队带回来。我们向他们表达传统的感激之情是远远不够的。这些学者们本来不必展示自己未出版的成果，但是他们的慷慨促成了这些讲座，也促成了这本书的出版。对于这 3 篇文章，我没有作任何修改，为了出版而进行任何修改都是不必要的行为。他们讲座中的魅力和创新点，在第一次成文的时候就已经奠定了其永久形态，我们只需将文章保存下来就可以，完全没必要进行修改，另外一篇是伯里教授的文章，其学术价值就毋须赘述了。

VII 　　本书所涉及的内容并不全面，因为这个时代的其他领域也有其特殊价值，理应获得同样的待遇，但是如果不能很好地理解这段时期史料的本质以及其他学者的研究方法，读者就无法真正理解这些内容。

G.B

1923 年米迦勒节

希腊化时代和文明史

J. B. 伯里教授（Professor J. B. Bury）

摘要：伯里认为希腊化时代一直没有得到学者公正的对待，他在文中列举了希腊化时期各方面的巨大成就，包括政治理念的连续性（罗马人继承了亚历山大大帝的理念，完成了对整个地中海地区的征服）、托勒密在埃及的经济政策、城市和商业的繁荣、地理学和天文学上的成就和思想上的成果（斯多亚派的普世理念），肯定了希腊化时代在人类文明进程中的意义，进而赋予了其重要的历史地位。

关键词：希腊化时期、文明史、政治变革、思想成果

从传统上来讲，希腊化时代不会得到学者们很好的对待，一位历史系学生从雅典、斯巴达游历到罗马，希腊化时代只不过是他被迫驻足停留的路边旅馆，对他们来说这停留的几个小时是乏味冗长的。本文旨在说明和强调这段时期的重要性，以及其对后世文明的重要影响。

这段希腊史上迄亚历山大大帝的征服，当时亚历山大大帝打破了连续的历史发展进程，下至罗马并吞埃及、完成其对东部地

区的征服，令人遗憾的是，直到现在这段时期由于其自身原因一直没有得到很好的研究，因此在人们惯常理解的世界史上一直没有一个明确的位置。除了涉及罗马共和国的历史外，这段时期很少能成为文科教育的一部分。一位罗马史的普通读者能看到阿卡德米亚学园的卡尼阿德斯（Carneades）和罗德岛的斯多亚学派学者潘尼提乌斯（Panaetius），因为这两位学者曾访问过罗马；但是一般说来，他肯定对当时希腊的具体情况一无所知，而正是希腊这片土地培育了这些学识渊博之士。我们不能无视这段时期的艺术成就；无论是原件还是复制品，现在保存在欧洲各大博物馆的这个时期的收藏品一直在吸引着人们的目光；这些博物馆的参观者也许了解菲狄亚斯（Pheidias）时代和普拉克西特利斯（Praxiteles）时代的一切历史，却对造就了米洛斯的维纳斯和垂死的高卢人的时代一无所知。在一代人以前，孩子们都是通过欧几里得的小册子学习几何，但是很少有人知道欧几里得是这本书的作者，也不知道他所处的时代；如果欧几里得是公元前 5 世纪的人物，而不是后来托勒密一世（Ptolemy Soter）时代的人，那么就会有更多的学生和老师至少了解到他是一位希腊人。曾经有一个比较流行的观点，即希腊在公元前 3 世纪就已经衰弱了；这种观点到现在还有一定影响力，这也许是人们忽视后德摩斯梯尼时代（post-Demsothenic age）的首要原因。这种说法明显不是真实情况。衰弱的（decadent）这个模糊而又温和的单词经常被滥用，但是最不能令人容忍的是这个词被用来形容公元前 3 世纪和前 2 世纪的希腊人。希腊城邦政治的年代的确已经结束了，但是他们仍然拥有强大的创造力，对真理的追求心理和以前一样强烈。在完全不同的环境下，他们从事着新的有价值的活动，并且以新颖而有价值的方式表现他们的希腊精神。现在他们将更多的精力放在了精密科学领域，在这个时代诞生了他们最伟大的数学家。

对于那些热心研究欧洲文明史和历史是如何构建的学者来说，这段时期的希腊精神从某种程度上来说不再是独立城邦的时代；纵观这个时期，早期的时代对它施加了较大的影响。也就是在这个时期，罗马文化被半希腊化（semi-hellenized）了，而希腊则通过罗马影响了后来的西欧文明。我们必须记住，当一位罗马人游历到雅典、罗德岛或亚历山大城时，他肯定会吸收当时希腊人的思想和文化；这其中也包括希腊过去的历史，但是他对于希腊过去的了解和希腊本地人一样都是从他们当代人的视角来审视的。公元前 1 世纪的拉丁诗人（除了贺拉斯）更多的是受到同时代希腊诗歌，即亚历山大格式（Alexandrines）的影响，而不是受到先前时代那些著名诗人的影响；当时的希腊艺术更符合罗马人的品位，并为罗马艺术家的创作提供了原型。

要想判定各个事件在人类文明进程中的价值，以及理解其对随后时代的意义，为这些成就和发现编一个列表是远远不够的。我们不能仅仅通过结果来进行评判。我们必须重塑当时的生活画面，旨在理解当时的统治者和思想家所面临的各种问题，以及他们如何解决这些问题。

与德罗伊森（Droysen）撰写《希腊化时代史》（*History of Hellenism*）时的情况相比，我们现在有了更多的材料，这有助于我们进一步做出尝试。大量当时的文件、铭文以及纸草被发掘出来，这对这段时期的研究是一个强有力的激励，并且很多年来，许多学者开始着手研究马其顿君主国时期（Macedonian monarchies）的政治、经济和社会生活。但是他们的研究成果还是没有走出受教育公众的历史常识范畴。

这段时期本身是非常有意思的，尽管也很容易让人迷失。亚历山大大帝的10年远征带来了剧变，这让欧洲取代亚洲统治了所有的近东地区，也产生了以前的欧洲国家从未遇到过的问题。新的统治者必须在陌生的星星指引下引导他们的船只通过他们不熟悉的水域。这时期也产生了较大的政治和社会问题。希腊的科学家开始面对各种新材料和不可预料的契机，这让他们有机会去了解人类的居住环境。这种变化意味着一场经济革命，就像近代以后西半球的发现以及1800年后的环球旅行，只不过规模要相对小一些。

这场革命的效果在于，在公元前4世纪到公元前3世纪末这段时期内，那将我们当代文明与公元前4世纪文明区分开来的进程已经前进了一大步。这也是塔恩（Tarn）先生研究公元前3世纪革命的原因之一，他认为当时的革命已经比较现代了。如果一位当代欧洲人被巫师的咒语送回到了古代的希腊城市，他应该很快就会适应当地的新环境，如果他身处亚历山大里亚、塞琉西亚或安条克等马其顿人所建造的希腊城市，而不是100年前的雅典和叙拉古，那么他能更快适应这一切。当时各种商业组织的数量已经达到了相当大的规模。而且和以往不同，现在冬季的大海也能见到各种来往的船只。东部地区也向希腊各个城市敞开了商业交易的大门，因为其中的利润丰厚，商人们也敢于冒冬季航行的巨大危险，选择了与以往不同的新航路。据说阿拉图斯（Aratus）那首流行的天体诗（astronomical poem）是为了当时的水手而作，满足了他们对指南手册的迫切需要。诗人所强调的天文学知识是为了实用起见。当时的贸易量达到了一个较高的水平，银行业务和兑换业务也因此变得越来越重要。这个时期的货币交易量（monetary transactions）、埃及的国家银行和罗德岛的国际银行已经远远超过了德尔菲祭司和德摩斯梯尼时代客户的想象，就像当代的商业银行已经远远超过了英格兰银行创办人的想象。

这个时代的社会是比较宽容的；人们通常不会在意他们邻居的信仰；思想是完全自由的。奥林匹斯诸神的权威几乎消失殆尽，他们现在不得不与世俗统治者共享神性。只有一位神祇几乎得到了每个人的崇拜，那就是幸运女神。如果当时人们还不了解地球是运动着的这一知识，但是地球是圆的还是成为了人们的常识；而在以前，阿里斯托芬（Aristophanes）曾嘲笑苏格拉底妄想计算出地球的直径和周长，现在的人们当然没有了这种想法。

这里确实存在着一个特殊案例，当时雅典哲学学校的生存受到了威胁，但不是出于传统原因，而是政治上的原因。公元前307 年，国王德米特里（Demetrius）来到了雅典，雅典的民主政治得以恢复，而当时的政府领袖法勒鲁姆的德米特里（Demetrius of Phalerum）则在被推翻后逃亡。政府起草了新的法律，其中苏尼昂的索福克勒斯（Sophocles of S unium）提议了一项新的法案，要求全面禁止哲学学校、阿卡德摩学园（Academe）和逍遥学园（Peripatos），并且强制规定，将来如果没有国家的允许，不得建立类似的学校。这项法律主要针对的是逍遥学派（Peripatetics），当时该学派的领袖泰奥弗拉斯托斯（Theophrastus）是法勒鲁姆的德米特里的亲密朋友和顾问。最终该法案得到了通过，泰奥弗拉斯托斯也因此离开了雅典，但是几周后公众舆论发生了变化。雅典人认为苏格拉底、柏拉图和亚里士多德不能算是民主政治的朋友，因为这些天才人物只是增进了城市的声望，使雅典成为了希腊文化的中心。事实上，这项新通过的法律是不合法的。学校拥有自己的法律地位，一般被认为是一种崇拜缪斯的宗教社团（religious clubs），而根据梭伦的立法，宗教社团是一种合法机构。因此有人发起了针对斯特拉托克勒斯（Stratocles）的违法提案起诉（graphe paranomon）；该诉讼是泰奥弗拉斯托斯的一名学生发起的，尽管有德摩卡里斯（Demochares）帮他辩护，斯特拉托克勒斯仍然输掉了自己的案子，德摩卡里斯在辩护中攻击了苏格拉底、柏拉图、亚里士多德和其他著名的哲学家，当处于谩骂情绪中时，希腊演说家最擅长发出这类辱骂。因此如果这种法律得到通过，雅典就不会有后来的伊庇鲁斯学派（Garden of Epicurus）和芝诺 ① 的斯多亚学派。

亚历山大大帝在 32 岁时就死去是一个很大的意外，这在很大程度上改变了历史的进程，如果我们现在知道他随后的计划，也许能模糊地进行相关推测。但不幸的是，我们无从得知他的计划。比较流行的观点认为他打算征服全世界，但目前没有充分的证据可以证明这一点。我们曾经认为确实存在着一份备忘录（Hypomnemata），里面有他计划的真实意图。

但就在最近，塔恩先生令人信服地指出，所谓的备忘录是伪造的，因此我们现在没有可以信赖的积极证据。不过有一点可以确定，亚历山大大帝去世之前肯定考虑过帝国的未来，因此很自然的是，他也肯定与他的将领们商讨过自己的计划。这里我们可以提出一个问题，阿里安（Arrian）（阿里安并没有引

---

① 弗格森（Ferguson）的《希腊化时期的雅典》（*Hellenistic Athens*）很好地叙述了此次事件。

用那份伪造的备忘录）所叙述的亚历山大大帝和波勒莫克拉特斯（Polemocrates）的儿子克埃奴斯（Coenus）的想法是否源自一手材料，比如说托勒密和阿里斯托布鲁斯（Aristobulus）的回忆录，或者克来塔卡斯（Cleitarchus）的通俗记载。如果来源于前者，容易推断出当时主要有三项计划在亚历山大的考虑之中：（1）进行一次新的东征，完成对印度的征服；（2）向北征服西徐亚（Scythia）和里海附近的国家；（3）扩展帝国在非洲的领土。现在我们明确知道的是，亚历山大大帝前往印度时，一直忙于海军问题。他的舰队司令开创了一条从印度河到幼发拉底河的新航路，并试图环航阿拉伯半岛，建立一条从巴比伦到埃及的新航线。在尼罗河河谷、底格里斯河和幼发拉底河河谷，亚历山大大帝拥有两座富裕的仓库，就像之前的波斯国王一样。但是之前的波斯人却任由埃及的收成腐烂，而对于现在的新国王来说，最有利可图的工作是——之后的托勒密诸王在这一点上做得比较成功——革新埃及的农业，将农田的产量恢复到古王国时期的水平。这是亚历山大大帝在帝国的经济组织上会采取的第一项措施。我们还知道当时马其顿的情况迫切需要他的出现。因此很有可能的是，在着手东部的各项事务之前，他会先回到西部地区，将亚历山大城打造为帝国的第二首都。随着他逐渐了解海洋的重要性，他会在整个地中海地区建立制海权，这并不是一个大胆的假设。这意味着迦太基将被马其顿征服，由于当时马其顿人的军事天赋和巨大的财富，这次军事行动不会持续很长时间。我们可以继续我们的推测，如果亚历山大大帝这样做了，罗马史上将不会有布匿战争，历史将以完全不同的方式发展。这一类猜测并非毫无意义。我们没有理由不认同约翰·希利爵士（Sir John Seeley）的观点，为了了解现实世界的意义，做一下假设是合理且有用的。

亚历山大大帝的继任者中没有一位试图去统治整个地中海世界，这一伟绩在后来由罗马达成。在那些争夺亚历山大遗产的将领中，不少人有着较高的军事才能和政治能力，但是没有一位拥有亚历山大大帝旷达和强大的心思，也没有他所拥有的人格魅力。唯一一位相似的是安提柯一世（Antigonus）的儿子德米特里，他在军事上的才能后来被拿来与亚历山大大帝比较，并且具有非凡的个人魅力。但是他在本质上有一些品行不端，不是一个能统治帝国的人物；他懂得如何去征服，就像塔恩先生说的那样，但不知道如何去统治和管理。

亚历山大大帝死后持续多年的冲突结束了，最终形成了三股势力，每一方都执行着不同的任务，他们同时在希腊、叙利亚和小亚细亚地区争夺不休，有意地传播了希腊文化，并无意识地为罗马的统治做好了准备。马其顿的安提柯家族是希腊文化的保护者，对抗着中欧的蛮族部落，这些蛮族在多瑙河地区施加了不少压力；而塞琉古则在东部地区保存了希腊文化，并使得帕提亚人不再那么野蛮；托勒密整顿了埃及的农业，后者在以后成为了罗马最富裕的省份。

托勒密二世在他的统治中期开始系统地重整埃及的经济生活，让土地的产量恢复到了应有的水平。其中采用的方法可以从当时的纸草文献中得知，罗斯托夫采夫在他的大作《公元前3世纪埃及的大地产》①（*A Large Estate in Egypt in the Third Century B.C.*）中对此进行了阐述。托勒密管理帝国的方式就像一位地主

---

① Wisconsin, 1922.

管理他的私人地产一样，在他统治的最后 15 年，他所信赖的司库（dioecetes）或经济大臣阿波洛尼乌斯（Apollonius）为他提供了不少帮助，阿波洛尼乌斯的管理人芝诺的通信被大量地保存了下来，其中涉及了很多信息，包括提高种植技术、灌溉沙地、沼泽地排水、构建堤坝、引入葡萄种植、提高库存以及加强组织管理方面所遵循的路线。罗斯托夫采夫将这些工作定义为"系统性的和逻辑性的进步"，开发了整个国家的资源。这项工作在希腊人的指导下进行，其影响是深远的。

这些马其顿君主都是希腊文化的保护者；虽然部分也许已经偏离了希腊理想，但他们虔诚地相信希腊文化是人类最珍贵的东西。马其顿人在希波战争中为全希腊而战，公元前 476 年，他们被允许参加奥林匹克运动会，这意味着他们已经是希腊的一部分。尽管他们不再被视为蛮族，但希腊各城邦仍然当他们是外地人。他们的政治制度和习俗与众不同。他们兄妹之间的联姻习俗被希腊人视为乱伦，而这在马其顿确是平常的事情，而且希腊化时代的各个君主也从不认为这是令人憎恶的行为。亚历山大的征服虽然意味着希腊世界得到了大大扩展，但是我们不能忽视当时的统治者来自一个与希腊城邦完全不同的国家，他们没有悠久的希腊传统文化，却更加善于统治非希腊人。那些创造城邦历史的政治家能否像马其顿君主那样成功地统治一个多样化的大帝国，这一直存在疑问。这些王国有一个典型的马其顿式特点，王室女性在政治上的影响力比较大，从奥林匹亚斯到后来的克利奥帕特拉，大体上讲这不是一个好传统。斯特拉通尼西斯（Stratonices）、劳迪西斯（Laodices）、贝伦尼西斯（Berenices）和阿尔西诺斯（Arsinoes）不能因为她们的胆小谨慎而受到非难。

12　这些君主国和帕加马的一些王国，以及其他小国以他们自己的方式持续发展了 100 多年，很少受到外部世界的打扰。但在公元前 200 年以后，罗马的阴影开始笼罩着这片地区。托勒密四世（Ptolemy Philopator）和帕加马的阿塔罗斯（Attalus）也许最早意识到了未来将是罗马的天下。在公元前 2 世纪的 90 年代，库诺斯克法莱（Cynoscephalae）战役之后，无需德尔菲的神谕来证明这一点，诗人亚历山德拉（Alexandra）已经描绘了罗马在陆上和海上至高无上的霸权。

对陆地和海洋的权柄与统治（γης και θαλάσσης σκήπτρα και μοναρχίαν, 1. 1229）。

罗马征服亚得里亚海东部地区的历史都是从罗马人的角度来叙述的。为了进一步了解和评价罗马当时的政策，我们必须从身为受害者的希腊化各国角度来看问题，从佩拉、安条克、亚历山大城和帕加马当局的角度来观察一系列事件。罗马的历史学家大都持有这样的观点，罗马是在不得已的情况下才卷入巴尔干半岛和亚洲的事务；因此罗马的所有行为都是防御性的，而马其顿诸国则有较强的侵略性；于是罗马的征服都是不可避免的和未经计划的结果，为了避免破坏而被迫进行自卫；帝国从未有过任何企图，所有这一切完全是被迫的结果。毫无疑问这些是罗马人的普遍看法。我们当代人也有类似的想法。很多英国人有着这样的观点，他们认为在大英帝国的形成过程中，英国政府从未有过任何

13　侵略性的过错，他们只是不时地受到各种形势的驱使进而得到了那些自己并不想要的土地，完全是为了自卫或者全世界的利益。但是其他国家明显无法接受这种观点，他们只会把这种想法当作是英国式的伪善。而罗马声称自己无意进行扩张，这对那些受害

者来说显得非常虚伪，布匿战争以后的一个世纪，这些国家一直受到罗马的威胁和恐吓。如果我们仔细审视罗马的所作所为，而忽略罗马人自己加上去的假象，我们就能看到布彻·勒克莱（Bouche Leclercq）先生所说的那种情况，对于东部地区的国家来说，当时罗马政府的政策是多么的背信弃义。在当代，随着民主制度的逐步成熟，人们不再支持君主专制制度，而罗马缔造了一个强大的共和国，且蔑视任何浮华堂皇的事物，因此当那些傲慢的君主在罗马面前颤栗时，是令人愉快和有教化意义的事情。当我们注意到罗马令人钦佩一面的同时，却忽视了一个事实，罗马共和国其实是一个寡头政府，和被他们的执政官和大使羞辱的国王一样的贪婪。因此在了解罗马历史的同时，去了解希腊化各国的历史也是很有必要的，而且为了对罗马的行为有一个直观的看法，我们也要了解希腊化各国的政治和社会状况。

我们需要记住的是，罗马后来逐渐取代了希腊化王国的地位，也遇到了希腊化王国所遇到的相同问题——如何调解中央政府和地方自治，如何对待东方各民族的问题，以及那些相对落后和野蛮的地区。罗马接手了这些事务，同样也从原来希腊化各王国那 14 里寻求解决之道。当我们研究罗马管理埃及的方法时，或者理解帝国初期希腊城邦的地位时，又或是帝国早期皇帝们的理财之法时，我们不可避免地会将这些追溯到亚历山大大帝的继承者。罗马神化皇帝的做法直接源自马其顿人的传统；在不违反选举原则的情况下维系一个王朝，这个罗马帝国特有的现象也是源自塞琉古王朝的创新。为了理解奴隶制大土地所有制（colonatus）的起源和本质，历史学家的最新研究成果会将我们带回到托勒密时期的大地产制。

我认为君主制的传统和存在方式存在一定的连续性，从托勒密时期和塞琉古时期一直延续到罗马帝国，往后穿越整个中世纪持续到当代。现在我们的宫廷制度与托勒密、塞琉古和罗马的专制制度也存在着显著的相似之处，但其中的元首制度在3世纪末就已经结束了，元首制度在数个世纪中的持续性并不是十分明显。我个人认为这种相似性虽然要归因于持续性，但这种持续性不存在于西部地区，而是来自东部地区。埃及和叙利亚的君主专制制度明显受到了波斯阿契美尼德王朝（Achaemenid）的影响，而后来的奥勒良（aurelian）、戴克里先和君士坦丁也从萨珊王朝那里接受了这些东方元素。这种持续性明显是阿契美尼德王朝的传统持续到了帕提亚人统治时期，而不是塞琉古的传统持续到了罗马元首制时期，这也是我们注意到罗马的专制制度和马其顿的专制制度存在相似之处的原因。我们也许可以这么说，人们至今还没有完全认识到波斯对当代欧洲的影响。这不仅表现在宫廷时尚和宫廷礼节上面，同样也表现在外交传统和习惯上。由于罗马皇帝和萨珊国王的关系，君士坦丁堡发展了一套处理外交事务的严格惯例，后来的欧洲各国继承了这种做法，因为中世纪的君士坦丁堡在很多方面是欧洲的学校。

我在前面几页总结的各项内容，在以后的古代史研究中，将毫无争议地赋予希腊化时期一个更加重要和明确的地位。

从人类进步的观点来看，人们对生存环境知识的增加，或者人类战胜自然能力的增长，这些在历史上比政治变革更具深远的影响，更有里程碑的意义。印刷术的发明比宗教改革更加重要，新大陆的发现比征服土耳其人更重要。

在这一点上，我们的时代在历史长河中并不具有里程碑的意义；虽然一些成果算得上是伟大的发现，但是并没有取得决定性的进步和重大的突破。这个时代有自己的哥白尼，有能与哥伦布相媲美的探险家，但是他们都没有能力改变世界。

萨摩斯的阿里斯塔克（Aristarchus，活跃于公元前290年至前260年）在天文学上指出流行的地心说是错误的，地心说不能解释各种天文现象，他偶然发现了日心说的相关现象，包括地球绕地轴自转的昼夜交替。这是天才的灵感，就我们所知，阿里斯塔克是第一个认识太阳系普遍真理的人，他会被永远地铭记。据我们所知，一些被遗忘的古巴比伦学者也可能是和他一样的天文学先驱。成为科学上的第一人和第一个进入贝塞斯达池（pool of Bethesda）的难度一样大。

这个真理在当时并没有被承认。当时的新理论肯定引发了一定的轰动，有趣的是，新理论肯定会在宗教领域受到谴责，就像1800年后哥白尼重演这一理论时所遇到的那样，宗教偏见是阻碍真理普及的障碍之一。

公元前3世纪，在那些有重大影响力的哲学流派中，斯多亚学派与宗教社团有着最密切的联系——这个学派在当时相当于一个教会组织，当时身为斯多亚学派领袖的克里安提斯（Cleanthes），极力反对这位科学家。克里安提斯认为希腊人应该控告阿里斯塔克，因为他的不虔诚扰乱了宇宙的运行。希腊这种不宽容的时代已经过去了，如果论及能够表达自己观点的自由程度和理性主义的广泛传播程度，也许没有任何一个时代能比得上公元前3世纪的希腊。克里安提斯的谴责显然无法对阿里斯塔克造成危害，事实上这反而是对他理论的宣传。

为什么在当时那种热衷知识的环境下，日心说没有被人们接受？为什么接下来几代的知名学者也拒绝接受它？他们被迫向阿里斯塔克妥协，承认现在的理论存在缺陷，但同时又认为他的理论太过大胆。我不是很确定他们当时是否真的没有证据证明这一理论，就像贝洛赫（Beloch）所说的那样。他们也许会说，这个革命性的理论只能适用于那些能被观察到的现象，但是没有其他积极的证据能解释这个理论。如果他们能找到另一种解释天体运行的理论，而同时又不动摇地心说的观点，他们也许会采纳这个理论。当时的数学家佩尔格的阿波洛尼乌斯（Apollonius of Perga）提出了关于天体运行的独创理论，这个理论仍然将地球置于宇宙的中心，旨在提供一个天体运行的完整数学诠释。这个理论是希腊科学的最后成就，在流行中一直未受到挑战，直到公元16世纪。我们知道，后来哥白尼的理论没有说服培根勋爵（Lord Bacon），也没有得到广泛的接受，直到伽利略发明望远镜进而证实了这一理论，我认为我们不能过多苛责古希腊人。他们已经站在真理的边缘，如果他们承认日心说这一理论，接下来2000年的思想史将被改写，这会造成不可估量的影响。我们也许可以这样说，那些著名的希腊数学家，如阿基米德、阿波洛尼乌斯、科农和希帕克斯，他们的判断决定了那个对人类进步有着巨大影响的问题，只是就像结果所显示的那样，他们的判断是错误的。

人类对地球的认识在不断增长，从早期希腊人对地球有限的概念，到现在我们拥有了关于陆地和海洋的完整知识，我们可以将古希腊分为两个阶段，亚历山大大帝的时代标志着第二个阶段的开端。两个阶段的开端都紧随当时的政治变动：第一个阶段开始于希腊人在西地中海地区的殖民运动，第二个阶段开始于亚历山大大帝的征服。

在第一个阶段，最重要的成就是爱奥尼亚哲学家开始绘制地图，以及当时划时代的发现，毕达哥拉斯学派的哲学家认为地球是一个球体。从希罗多德到亚里士多德，地理学研究并没有停滞不前，当时的观察结果使人们对爱奥尼亚地图的权威性产生了怀疑。但这些地图一直持续使用到公元前 4 世纪。后来随着亚历山大大帝对东部地区的征服，军队深入到了旁遮普（Punjab）地区，以及他的将领尼亚库斯（Nearchus）在印度洋地区的航行，这些经历对当时希腊人的地理观念是一种新的和强大的刺激。

由于亚历山大大帝的凯旋，希腊人开始注意东部地区，在同一时期内，新的地理探险在当时希腊人不熟悉的西部地区进行着，他们以前对这些地区的了解还不如对波斯帝国的情况熟悉——他们并不像军事远征那样零星地搜集信息，而是在探险家领导下的私人团体的事业，没有任何政治和经济目的。我们对于马赛的皮西亚斯（Pytheas）知之甚少。他沿着欧洲的大西洋沿岸航行，修正了关于高卢和西班牙海岸方向的错误观点，并且到达了不列颠，而且很有可能做了环岛旅行，最后回到欧洲大陆，沿着北海海岸航行，也许远至易北河口。他在不同纬度观察了正午太阳高度。他的目标之一是要解决当时地理学上的一个重要问题，他想弄清楚当时人类居住的世界是否是一个由无尽大海环绕的岛屿，以及这个岛屿的形状。他记录这次探险的著作名为《关于海洋的论述》（*A Treatise on the Ocean*）。这本书在公元前 320 年出版；亚里士多德没能看到这本书，但是他的学生狄凯阿克斯（Dicaearchus）知道这本书的存在。希腊地理学家在公元前 6 世纪就知道了勒纳（Ierne）和不列颠的存在，他们从马赛的塔特西人（Tartessian）那里知晓了不列颠最早的名字阿尔比恩（Albion）。皮西亚斯则是第

19

20 一位通过第一手资料揭开不列颠面纱的希腊人，他也因此被称为古代的哥伦布。他并不是一位富人，我们现在特别想知道的是，他从加的斯（Cadiz）开始航行时，当时的各种条件如何，他又是在谁的船上。当时迦太基人是加的斯的主人，他们并不鼓励希腊人进行海上航行。

但是皮西亚斯没有获得他应得的声誉。他提供的资料对于新世界地图的绘制是必不可少的，当时希腊的地理学家埃拉托斯特尼（Eratosthenes）似乎意识到了其中的价值。但是埃拉托斯特尼的前辈，也就是狄凯阿克斯，他并不信任皮西亚斯，尽管他似乎使用过他的资料，波利比乌斯则直接宣布他是一个骗子。

从亚里士多德到波塞多尼奥斯（Poseidonius）的希腊地理学发展史是一个困难但却令人着迷的研究对象。① 人们几乎不知道是应该更欣赏埃拉托斯特尼根据有限材料和他大胆绘制的地图进行的推理，还是更欣赏他的地图引起的杰出天文学家希帕克斯的批评，以及他为绘制真正的地图所规定的原则。埃拉托斯特尼根据皮西亚斯的资料进行相关的制图工作，但他当时所依靠的远东地区的相关资料却存在很大缺陷，他相信所谓的人类定居区（oecumene）或人类居住的世界是一个岛屿，外部则是绵延的大海。他认为除了最南端和最北端这两点外，其他地点都可以通过

21 观察证明这一点，这两点之间是地峡的可能性可以忽略不计。他似乎被东部地区的资料误导了，错误地相信印度的东部沿海是世

---

① 虽然目前已经有了伯格（Berger）的著作，但还是有很多工作要做。提阿拉马斯（Thalamas）在他研究埃拉托斯特尼的最新著作（*Etude bibliographique de la geographie d'Eratostkhe*，Versailles，1921）中说明了研究过程中的种种难题。

界的尽头，他也接受了帕特罗克勒斯（Patrocles）的观点，认为里海是大洋东北地区的一个海湾。但是我们必须明白，直到罗马时期，人们才对印度和喀提加拉（Cattigara，很有可能是现在的新加坡）有进一步的了解。但是埃拉托斯特尼认为人类定居区（oecumene）被大海所包围这一观点，其中的论据并不充分，但是他对陆地的大小没有什么概念，他的假说总体上讲是正确的，然而托勒密的观点则完全不同，他所活跃的时代比埃拉托斯特尼晚3个世纪，当时由于罗马征服的缘故，他获得了更多地理方面的信息，因此在地理学上为古代世界留下了最新的结论——他认为印度洋被未知的土地环绕着。

埃拉托斯特尼曾计算过在同一纬度从西班牙航行到印度的可能性，如果这个距离不是太大的话——据他估算为13000英里①——这个观点一直比较流行，直到哥伦布发现西方的人类定居区（oecumene）。这也是哥伦布本人的观点，他至死都抱着这种观点，因为他一直不知道自己发现的是一块新大陆。但是埃拉托斯特尼也只是将此当作其中一种可能性。他同样认为西半球②可能存在另一块或者更多的人类定居区（oecumene）。他到底倾向于哪种观点，我们不得而知。

公元前3世纪和前2世纪的希腊地理学家本该获得更精确的结果，如果当时他们意识到自愿合作的重要性，或者政府能给他们更多的支持。但是科学研究上的合作是相对现代的事物，尽

① 埃拉托斯特尼估算地球的周长为28000英里。正确的数字为24860英里。考虑到当时资料的问题，他的估算值惊人地接近准确值。
② 我认为伯格（Berger）的结论很有道理，*Geschichte der wissenschaftlicken Erdkunde der Griechen*，p.398（ed.2，1903）。

管希帕克斯可能存有这种想法，但是亚历山大大帝的继承者并没有像后来的罗马人那样重视地图的实际价值。托勒密王朝诸王曾经为了地理发现而鼓励探险活动，但是他们的兴趣仅限于红海地区、埃塞俄比亚、象牙海岸和印度洋。塞琉古王朝本该可以更加深入地了解亚洲地区，但他们没有这么做；虽然麦加斯梯尼（Megasthenes）和第马库斯（Deimachus）带来了孟加拉的一些信息，但塞琉古一世和安条克一世派他们到华氏城（Palimbothra）更多的是由于政治原因①。那些继承亚历山大大帝遗产的君主并没有像亚历山大那样意识到地理著作的重要性。亚历山大大帝身边有一批希腊专家，他们的工作就是记录地理发现，特别是测量距离。这些备忘录被小心地存放在皇室主管那里，亚历山大死后，又被转交给帕特罗克勒斯，而帕特罗克勒斯则受塞琉古的委托在里海地区进行了相关探险，并做出了里海是大洋的一个海湾这一错误结论。值得注意的是，关于这一点，希罗多德很早就知道了真相。

从整体上我们可以这样说，古希腊人创建的地理科学是人类文明史上的卓越成就，这段时期内的地理学取得了巨大的成就，我们可以称之为希腊地理学的伟大时代，但是其中缺乏革命性的发现，没有什么成果能与公元前5世纪毕达哥拉斯学派和公元前6世纪爱奥尼亚哲学家的发现相媲美，当时毕达哥拉斯学派的学者发现地球是一个球体。

必须要说明的是——我不会详述——公元前3世纪另一场思

---

① 当时塞琉古的一位将领德摩达马斯（Demodamas）曾经到达药杀水（Jaxartes）流域，并写了一部著作。

想运动，相较天文学和地理学，它的影响更加久远，这是众所周知的事情。学者在亚历山大城开启了文献学的研究，开始对希腊文学进行系统性的批判研究。这项运动源自逍遥学派——亚里士多德是希腊博学家的先驱——而亚历山大博物馆及其图书馆的建立让这一切有了可能，逍遥学派学者法勒鲁姆的德米特里（Demetrius of Phalerum）是建立图书馆的倡议者，当时他是一位身在埃及的雅典流亡者，托勒密一世是他的保护人。这是一起重大的历史事件。其结果对世界产生了重要的影响：如果没有这些，我们的文明史完全会是另外一种状态。我们的公共图书馆、博物馆、科学院和大学都起源于当时托勒密保护下的各种研究机构。

我们现在要继续探讨这个时期是否出现了影响文明进程的社会思想。这个时期特有的思想和理念，如帝国主义、神化君主和专制统治的合法性，这些都对后来的历史产生了重要的影响，但是没有一种理念是全新的，尽管它们都发展到了一个新阶段。但是的确出现了一种新思想，并注定会对将来产生重要影响。

我坚持认为，"蛮族"（barbarian）这个词在公元前 4 世纪第一次有了蔑视的意义，从原来用来指代非希腊人的中性词到后来成了道德和文化水平低下族群的代名词。非希腊人低人一等的这种理念在公元前 4 世纪的希腊被人们广泛接受，而且在更早的公元前 5 世纪就已经出现。我们可以明确地指出，雅典人要为这种偏见的传播负责。我们在阿提卡文学作品或者受其影响的作品中发现了这种偏见的存在。我们能在欧里庇得斯的作品中找到确切的证据；如《美狄亚》（Medea）、《奥里斯的伊菲格涅娅》（Iphigenia in Aulis）中的例子，尤其是《安德洛玛克》（Andromache）。《奥里斯的伊菲格涅娅》有这么一段："蛮族人臣服于希腊人是天经地义

24

25   的事情，因为希腊人天生是自由人，而蛮族人天生是奴隶。"我们同样能在希罗多德的例子中找到相同的内容，这些证据似乎非常重要。在他作品的前 6 卷，截止到马拉松战役，蛮族这个词出现了十几次，但只是带有非希腊人的中性含义。阅读了希罗多德的这些作品，你就会明白当时的人们为什么把他当作一位亲蛮族的哲学家。在他作品的最后一卷中，由于受到阿提卡文学的影响，"蛮族"这个词开始有了贬损的含义，① 并时常成为波斯人的同义词。② 因此我认为从希波战争时期开始，蛮族这个词开始被用来表示蛮族的劣等性，这最早源于当时全希腊的学校雅典，并最终在公元前 4 世纪被整个希腊世界所接受，成为了当时的信条，后来的亚里士多德和伊索克拉底坚定地持有这种观点。而色诺芬由于他自己的经历而有了较宽的眼界，是为数不多的异议者。

    希腊人相信自己在地球上享有最优越的地位——这种信念和当代白种人认为自己优于有色人种的种族主义思想一样强烈——甚至在希腊丧失政治独立之后他们也一直抱有这种信念。他们这样说道："我们希腊人是伟大和杰出的人群。至于那些蛮族，他们也许可以向我们学习，但是他们必须安守本分。"他们杰出的思想

26   和艺术造诣，以及他们为我们西方文明所做的贡献，也许会让我们宽容他们自鸣得意的心态。但是希腊人的这种信念后来演变成了一种偏执，当代学者认为这是希腊政治衰弱的首要原因。

    但是在亚历山大大帝之后一代人的时间里出现了一种完全相反的思想，与原先的排外性思想不同，这种新观念将人类视

---

①   VII，35；VIII，142；IX，79.

②   单第二卷蛮族这个词就出现了 37 次。从另一方面来说，在叙述爱奥尼亚革命的过程中却总是使用"波斯人"这个词，而不是"蛮族"这个词。

作一个整体,最高理想是全世界的人们都生活在同一个国家之中。

芝诺作为斯多亚学派的创始人,于公元前301年在雅典建立了自己的学校,并亲自讲学长达40多年。他生于塞浦路斯,是一个希腊化的闪族人。他在哲学上的成就之一就是力图消除希腊人和蛮族的区别。他引入了世界主义①(cosmopolitanism)的观点,超越了原先的爱国主义思想;他认为整个世界才是人们真正的祖国;他旨在创立一个社区,这个社区包容所有的种族,不再区分希腊人和蛮族,也不再有自由人和奴隶之分。根据这种学说,斯多亚学派的哲学家认为自己是一位世界公民,全世界的人们都是同一个国家的公民,太阳所能照射到的地区都是这个国家的国土。因此在芝诺的国家观念里,所有人都是公民。

这种观念在当时是合时宜的想法,而且来得正是时候。世界主义的思想正好对应亚历山大大帝的革命性政策,他当时为了建立他的东方帝国,决定打破原先的种族对立,消除希腊人和蛮族的区别。他认识到非希腊人也是人类家庭的一部分,在同一位统治者面前理应拥有相同的权利。

这种人类大同的概念并没有消除当时人们心中根深蒂固的观念,很多人仍然认为非希腊人是劣等民族。世界主义也许是一种鼓舞人心的思想,但人们的常识又是另外一回事情。我们也许会怀疑斯多亚学派的这些思想是否对他们的学生产生了影响,比如马其顿国王安提柯二世(Antigonus Gonatas),他将芝诺视作精神

27

---

① 犬儒学派的学者最早创造了世界主义这个词。芝诺是犬儒学派学者克拉特斯(crates)的学生。但是对犬儒学派来说,这个词只是用来拒绝公民义务的虚伪借口,斯多亚学派则将其发展为建设性的思想。

导师，以及斯巴达国王克列欧美涅斯（Cleomenes）。这种新思想并没有改善埃及本地人口的处境。

但是这种思想渐渐被传播开来，并超出了斯多亚学派的圈子。当时亚历山大城的图书管理员，伟大的学者埃拉托斯特尼，我们在前面已经提到过他的地理学著作，他就谴责了亚里士多德的想法，因为后者当时建议亚历山大大帝应该以领袖的方式领导希腊人，而以暴君的作风对待蛮族。埃拉托斯特尼在年轻时是希俄斯岛阿里斯顿（Ariston of Chios）的学生，阿里斯顿是一位斯多亚学派的异端学者，在雅典建立了自己的学校。普鲁塔克的《论亚历山大》（*Essay on Alexander*）很有可能是从埃拉托斯特尼那里得到了相关资料，普鲁塔克将亚历山大大帝的行动与芝诺的学说联系到了一起，我在下面会引用这一段。① 他详细叙述了亚历山大大帝的教化工作，他这样提到："芝诺作为斯多亚学派的创始人，他那受人尊敬的理念可以归纳如下：我们不应该生活在拥有不同法律法规的独立社区之内，而应该将所有人视作自己的同胞和同伴，拥有一样的生活和秩序。芝诺根据哲学原理提出了这样理想中的国家形象，而亚历山大大帝则试图在现实中去实现它。亚里士多德向亚历山大提议，以领袖的方式领导希腊人，而以暴君的作风对待蛮族，前者的身份是朋友或亲族，而后者则是和动植物同一个等级。亚历山大大帝没有采纳他的建议。他认为自己是上天指派的协调者，是希腊人和蛮族之间的调解人。他力图协调所有不同的文明和习俗。他命令所有人将整个世界视作自己的祖国，不再通过穿着和外表来区分希腊人和蛮族，而是根据善与恶的标准

---

① *De Alex. fort*, *aut virt.. Or*. i, c.6.

来区分不同的人群。"我们以后会在罗马世界看到，这个普世理念开始结出第一批果实。罗马上层社会接受了希腊人关于蛮族的贬义概念，在吸收希腊文化的过程中，他们否认自己与蛮族的联系，他们熟知了斯多亚派的思想，这影响了罗马的行政理念，也对后来罗马帝国的普世统治权产生了重要影响。

西塞罗在他的《论共和国》（*Republic*）中提到，对于那些高尚的共和人士来说，辛苦劳作的目的并不在于增加自己国家的资源和财富，而是为了全人类而工作，为了让人们的生活更加富裕和安宁。西塞罗不是斯多亚派的学者，但是他的这段内容阐述了斯多亚学派世界主义的核心思想，比那些斯多亚学派学者所宣称的更加鞭辟入里。 29

在接下来的一个世纪，普林尼为罗马帝国的正当性进行了辩护，他认为帝国为世上所有的人提供了一个共同的祖国。这个理念与当时潜在的寰宇（orbis terrarum）思想有较大的联系。公元 4 世纪，当帝国遭受哥特人威胁时，特米斯提乌斯（Themistius）曾歌颂皇帝的慷慨仁慈，因为他本可以一举将敌人逼入绝境，他这样写道："你认为不应该将蛮族完全消灭，因为他们在事实上也是你统治权柄的一部分，是我们人类的补充。在这一点上你证明了你是全人类至高无上的君主。任何人都会受到你的关怀。"① 但令人感兴趣的是，当时的演说家仍然持有蛮族低人一等的观点。

与帝国政府的观念同时存在的是当时基督教会的普世理念，这一理念也源于此。而到了中世纪，这两种理论结合到了一起。

---

① 很多铭文都提及了这种理念，Julian, *domino totius orbis*（C.I.L. iii, 247），Valentinian I, *totius orbis* Jug.（Eph. epigr. 5, 518），Theodosius, Valentinian II and Arcadius, οἱ τῆς ὑφ' ἡλίῳ γῆς αὐτοκράτορες（Dessau, I.L.S. 5809）。

我前面引用的普鲁塔克的那段话为随后人类的进步找到了一条成功之路。在人类社会进步的过程中，除了知识和力量的不断增长外，是否还存在其他显著的特点，能比全人类联系的不断加强以及西方文明的不断传播还要重要？答案是否定的，古希腊当时就已经为当代世界的成功奠定了基础。亚历山大大帝在这个运动中迈出了第一步。而在当代世界联邦的理念和人类大同的观念已经成为了一种重要的推动力。这不仅体现在旨在打破国家壁垒的国际主义理念，也体现在国际联盟（League of Nations）的理念中。这也在人道主义的基本思想中得到了体现。而芝诺则是第一位教导人们以世界眼光思考问题的先贤。

亚历山大学派的文学

E. A. 巴贝尔（E. A. Barber）

摘要： 巴贝尔认为学术界关于希腊化文学的传统观点过于片面，亚历山大学派流传给后世的东西远不止诗歌这种艺术形式；埃及考古上的发现则显示了希腊化时代存在另外两种作品：滑稽戏和讽刺文学，这与宫廷诗人和博物馆学者的作品完全不同。这两种流行文学形式因为其反映民众生活的现实主义精神而显得生动活泼，而在另一方面，当时的博学之士则以各种神话传说为原材料，为当时的希腊世界引入了浪漫主义性质的诗歌。

关键词： 亚历山大诗派、滑稽戏、说教诗歌、现实主义

沃尔特·佩特（Walter Pater）的作品中有这么一段：

文学批评和艺术批评的任务与哲学一样，开始于对总体情况的评价，也就是所有作品的共同倾向或者是那个时代有别于其他时代的特点——当时的创作环境——每个时代我们都能接触到才华横溢的作者，毕竟人们都能根据自己的意愿，

在当时的环境下，创作出反映那个时代的大师级作品。

我不会冒昧地去质疑佩特言论的正确性，但是在这次讲座中，我也没有打算去验证他的观点。我只是顺带地评价了希腊化时期的不同作家，我希望自己涉及的是不同的内容，佩特视之为评论家的第二个任务，也就是描述环境和确定普遍发展趋势。

我选择这个课题有两个原因。首先，在我们这个时代，已经有不少学者着墨于此，且成果优秀。关于希腊文学通史方面的著作，在英语世界我们有麦凯尔（Mackail）博士的《关于希腊诗歌的讲座》(*Lectures on Greek Poetry*)[1]；在法语世界也有这一题材的出色作品[2]；在意大利近期则有罗斯达尼（Rostagni）[3]的著作。第二个原因我要考虑到讲座的时间。花 1 小时的时间去分析忒俄克里托斯（Theocritus）、卡利马科斯（callimachus）或阿波洛尼乌斯·罗迪乌斯（Apollonius Rhodius）的各自特点也许是有益的，但是如果仅仅花 5 分钟或 10 分钟去做相同的事情则是浪费时间，既然我们在大纲上有这么多内容要讲，那这些都可以略去。

即使已经进行了这样的限制，我的讲座主题仍然相当大，因此只能给出事实的一部分。举例来说，社会和政治背景通常被认为是理所当然的事情，我只会间接地提到这方面的内容，如希腊化王国的崛起、不同族群的混合人口、繁华的城市、财富和奢侈品的增长以及科学研究捐助制度的建立。

由于这些情况，我们会看到，希腊化世界在很多方面更接近

---

① Second edition, 1911.
② A. Couat, *La Poésie Alexandrine*, 1882.
③ A. Rostagni, *Poeti Alssandrini*, 1916.

于当代的世界，而不是古典时期的希腊。这不仅对于物质世界来说是这样，也许同样适用于当时的文学界。这个时代有各式各样的作者，而文人（literary man）作为一种特殊的学者，完全是这个时代的产物。地中海世界的人们利用写作表达他们的思想；在另外一方面，当时并不缺乏读者群体，因为相比以前，当时的教育更加普及。而随着埃及的逐渐开放，大量的纸草被供应给希腊的各行各业，因此书籍的生产和获取变得更加容易，价格也变得更加便宜。

　　然而所有这些文学活动中只有少数作品留存至今。当时最重要的文学流派——亚历山大诗派（Alexandrian Poetry）——我们现在拥有其大量代表性的作品，但是大多数散文作品却完全佚失了。在这些流传下来的作品中，有很大一部分是希腊化时期的哲学著作，当然还有波利比乌斯的史学著作，但是这些似乎是后面讲座的内容——无论如何，波利比乌斯的作品属于罗马史的范畴，而不是希腊史中的希腊化时代。除了波利比乌斯和各种哲学家，以及少数诸如欧几里得的技术作家和半技术作家之外，剩下的就只是散文体作家的作品，我们可以在苏塞米尔（Susemihl）和基督教的汇编作品中找到这些作家的名字，但是他们的作品却很少幸存下来。希腊化时代的人们有能力将古典时期的作品保存下去，但却没能保存自己时代的作品，这多少有一些讽刺意味，特别是当时的作品在数量上数以千计。但是希腊化时期散文作品消失的原因是显而易见的。

　　公元1世纪的希腊文学界正式完成了一项文学运动，这个运动开始于公元前2世纪下半叶。希腊人自己抛弃了希腊化时代的文学成果，他们要求未来的作家必须按照阿提卡文学的风格进行创作。这次运动有时又被称为复兴运动（Renaissance），既有怀旧性质也有展望性质；这意味着，他们不仅为未来的文学创作制订了规则，也为过去的作家设定了规则，有意无视了那些违反规则的作家们。这种观点对于希腊化时期散文作品的保存是致命的打击，因为当时的散文作家几乎无一例外地无视文学形式，他们不善于阿卡提文学中的装饰音和精妙之处，而这些对于新阿提卡文体（Neo-Atticist）来说是必要的形式。这里举两个比较突出的例子，当时伊壁鸠鲁（Epicurus）因为在创作中不追求语言的高雅性，因此变得声名狼藉，而波利比乌斯的很多作品读起来则像现在的新闻文体。希腊化时代的确产生了自己的散文文体，也就是所谓的亚细亚文体（Asiatic），但是人们在这个方向上的尝试并不热心，无论如何，很自然地受到了后来文学改革者的谴责。

希腊化时代缺乏散文作家的原因有很多。首先，希腊语——通用希腊语（κοινή διάλεκτος）——很多非希腊人或混血血统的人现在也利用这一语言进行创作。斯多亚学派中就有几位哲学家是闪族人。其次，对于那些具有良好教育背景的人来说，他们的词汇变得更具专业性和技术性。曾经有人说过，柏拉图试图在不使用任何专业词汇的情况下去构建一个哲学体系。但是当我们转向伊壁鸠鲁和斯多亚学派的学者时，我们会发现如果不去认真学习大量的专业术语，就无法理解他们的作品。其实从某种程度上讲，专业术语数量的增加无疑标志着思想的进步（如果不是这样，20世纪的我们理应对自身产生绝望的情绪），但是学者们的这种习惯远远超出了其中的必要性。复合词被用来代替简单的单词，但却没有增加其中的表现力；几乎在任何文章中都能找到抽象术语。在短暂地浏览这些作品以后，就像我们在波利比乌斯的例子中所发现的那样，我们虽不能说已经证明了，但至少可以说我们已经理解了阿提卡文体的极端保守性。

作为这种复古运动的后果，希腊化时期的大部分散文都已经失传：有些作品因为其专业价值而得以幸存，其中的很大一部分被收入到百科全书式著作或通史类著作中。对于史学家来说，这种损失更加令人心痛，我们为那些文学巨著的失传而遗憾，这些作品本可以大大增进我们对希腊史的了解，举例来说，如果我们现在还拥有希巨昂的阿拉图斯（Aratus of Sicyon）的回忆录，或者是提迈尤斯（Timaeus）作品中关于西西里和大希腊的描述，又或是狄凯阿科斯（Dicaearchus）记述希腊文明的《希腊的生活》（Βίος Ἑλλάδος）。

那些具有启发性且生动有趣的科学和学术著作很可能也遭到了毁灭的命运。阿里斯塔克（Aristarchus）和其他亚历山大城的修辞学家一生致力于经典著作的注释工作，作为古典学的学者，我们为他们作品的失传而感到特别遗憾。当然他们作品的片段通过后期希腊作家的论述而得以留存——尤其是评注（*scholia*）——当代的学者们根据这些材料重构了作品的主要轮廓，但是仍然有很多悬而未决的问题，作品原稿的失传是不可估量的损失。

在向那些失传之作致敬之后，现在我们会将重点转到那些存世的作品中。到目前为止，在这些作品中，最引人注目的是亚历山大诗派的作品——这些作者与亚历山大城的图书馆、博物馆以及宫廷关系密切，亚历山大诗派由此得名。这个术语非常恰当，将学者们与对他们有重大影响的大环境联系到了一起，但是这并不适用于希腊化时代的所有诗歌流派。新近发现的纸草文献为我们揭示了当时存在的讽刺诗歌和说教诗——这些诗歌与亚历山大诗派的作品截然不同，至少在精神主旨上是这样。除了上面提到的那两种类型之外，我们还要考虑到这个时代的公众流行文学，为这些大量的作品起一个归纳性的名字似乎很难，但我们至少可以宽泛地将它们称作哑剧及其副产品。

关于这些通俗的说教诗歌和哑剧，我们对它们的了解因为新发现的纸草文献而已得以扩展。这里不便详述纸草学在希腊化学术研究中的巨大作用，但是我们必须明白，在现代科学（顺便说一下，科学也激发了人们对文学传统进行彻底的研究）出现之前，我们研究中的首要难题在于无法看到表面之下的东西。这段时期的历史，除了波利比乌斯的记述之外，我们所知的信息主要来源于后来作家们的节录和摘要，而且只是单纯的叙事。现在由于那些幸存下来的纸草文献，托勒密时期的法律和行政体系几乎完整地呈现在我们面前。在宗教方面，虽然人们常说希腊化时代是古代世界最缺少宗教氛围的时代，而且源自爱奥尼亚的理性主义确实是这个时代的主要特点，但是有一点逐渐变得明朗，我们不能将哲学家的泛神论或者怀疑论当作普通人的信仰。赖岑施泰因（Reitzenstein）和其他学者的研究显示，神秘的东方各教派已经得到了民众的崇拜，并在后来的罗马帝国中变得越来越重要。在公元前 1 世纪以前，与这些东方崇拜相联系的思想没能成为文学著作的主题，直到波塞多尼奥斯（Poseidonius）让希腊人和罗马人熟知了这些教派，但是它们的影响在很早之前就已经存在。

以上的原因改变了我们对希腊化时期政府和宗教的看法，也同样影响了文学批评：希腊化时代下层社会的文学开始要求得到人们的认同，在这些作品中，就像我之前提到的那样，我们已经能合理地区分两种趋势——其中一种以说教诗歌为代表，另一种以滑稽戏为代表。

在我们分别讨论这三种文学类型之前，用简单的话来概括一下它们的特点以及它们之间的内部关系是必要的。亚历山大大帝东征结束之后，希腊世界开始安定下来，因此创作一种新的文学体裁就变得很有必要了，但是如果我们认为老的文学体裁就此消亡，就大错特错了。当时受到良好教育的人们有自己的图书馆，这其中当然包括各种私人的和公共的图书馆，群众有他们自己的赛事（ἀγῶνες），也就是所谓的公共竞赛。公共竞赛（ἀγών），包括体育竞技和音乐比赛，已经成为了希腊古典文化中最重要的元素。在音乐比赛中，最著名的是雅典的戏剧比赛。早在公元前5世纪的时候，阿提卡的酒神节（Attic Dionysia）就被诸岛屿和小亚细亚地区的城市所模仿。在亚历山大大帝的东征结束以后，各种习俗被传播到新近征服的土地上。这个时期的重要特征是音乐比赛比体育竞技更受欢迎，而且这个时期的体育比赛已经在很大程度上职业化了。音乐比赛可以是舞台剧（σκηνικοί）或露天剧场戏剧（θυμελικοί），根据他们是在舞台（σκηνή）演出还是在半圆形露天剧场（θυμέλη）演出而异：悲剧和戏剧在舞台上演，而其他的竞争者，比如诗歌朗诵者、致颂词者和乐师则出现在半圆形露天剧场。亚历山大大帝的继承者为了与希腊古典时期的各种节日相竞争，他们创立了许多新节日，这些节日中总是有各种公共竞赛，根据传统习俗，节日时不仅要表演当时的悲喜剧作品和叙述诗，也要表演古典作家的作品。当时的表演业务由所谓的"酒神节的艺术家"（Dionysiac artists）所管理，职业演员的剧团或者长期驻扎在同一个城市（除了古希腊的诸多城市外，多利买、利基翁和叙拉古也是恰当的例子），或者从一个城市到另一个城市进

39

行循环演出。

因此显而易见的是，在这种情况下，当时的群众仍然熟知古代的叙述诗和戏剧。但是我们在承认这一切的同时，却不能将忒俄克里托斯（Theocritus）的那句讽刺话"对于所有人来说荷马就足够了"（ἅλις πάντεσσιν Ὅμηρος）[①] 当作一回事，这只不过是一位赞助人对无理诗人的反驳。那些以亚历山大城为代表的、受到良好教育的人们不满足于原先的文学遗产，而且那些普通民众也是如此——"马其顿人已经堕落成叙利亚人、帕提亚人和埃及人。"李维这样轻蔑地称呼他们。两个阶层都不得不依靠自己的资源，结果有教养的阶层开始寻求"艺术至上主义"，追求奇特的学问——培养一种温和的浪漫情绪。在另一方面，下层阶级利用各种形式的滑稽戏来慰藉自己，这些节目可以是滑稽的和诙谐的，也可以是情色的。希腊化时代的说教诗歌和散文与前面两种趋势相比明显是一股逆流。他们同时反对博学之士的浅薄和下层阶级的情色倾向——也许更加反对前者，因为他们与犬儒学派联系密切，而犬儒学派的理念明显更倾向于简单质朴，而不是文明开化。亚历山大诗派和滑稽戏都不甚了解道德规范。埃拉托斯特尼（Eratosthenes）是亚历山大学派的典型代表——尽管他更多的是一位学者，而不是诗人——他反对对荷马进行道德批判，从总体上来说，亚历山大诗派——要将阿拉图斯排除在外——否认自身负有任何道德和宗教使命。滑稽戏在这一点上也是如此。后者和博学之士一样反对道德家，但是在另一方面，也就是滑稽戏的现实主义，这一点背离了亚历山大诗派的理念，是另一种不同的思想。

---

① Theocr. xvi, 1. 20.

因为那些博学之士，由于他们喜欢题材处理，习惯于在细节上实践他们奇特的现实主义，但由于他们文学主题的特殊性，他们的总体基调几乎是不由自主地带有明显的浪漫和田园风格。在另一方面，滑稽戏则完全被现实主义精神所主导，至于那些道德家，我们只要阅读第欧根尼·拉尔修（Diogenes Laertius）的《犬儒学派哲学家传记》(*Lives of the Cynic Philosophers*)就会明白，很少会有人比他们更坚定地信仰直言不讳的哲学。

说来有趣，在处理同一个文学主题的时候，亚历山大诗派的诗人和滑稽戏作家采用的是完全不同的方式。我在这里会列举两个例子。首先是第一个例子。第欧根尼·拉尔修在他的《犬儒学派哲学家传记》中记述了一些早期哲学家不体面的私人生活细节。这些信息的大部分可以追溯到一本无名氏的著作《亚里斯提卜论古人的奢侈》(*Αρίστιππος Περί παλαιάς τρυφής*)，大约成书于公元前 250 年至前 200 年。作者是某种类型的享乐主义者，他的目的在于向我们展示，他所提倡的原则已经被创始人付诸实践。书中的笔名亚里斯提卜（Aristippus）无疑指的是昔兰尼学派享乐主义的创始人。这个伪亚里斯提卜（pseudo-Aristippus）在书中所记述的故事可以追溯到很早之前，而与之相反的理念和处理方式，我们可以列举亚历山大诗派的诗人克勒芬的赫尔迈西亚纳克斯（Hermesianax of Colophon），他所处的时代相对要早一些。阿特纳奥斯（Athenaeus）为我们保留了赫尔迈西亚纳克斯著作《列奥提乌姆》(*Leontium*)第三卷的部分残篇，这是一本奇特的著作，诗人在书中教导他的情妇，他认为在过去所有的伟人都能感受到爱情的力量，这首诗歌也以她的名字命名。在这部残篇的结尾，赫尔迈西亚纳克斯收录了很多哲学家的情事。这其中也提到了毕达

41

哥拉斯、苏格拉底和亚里斯提卜。然而作为一名诗人，这些段落则显得软弱无力，有着一种柔和的愁思，一些当代评论家认为这一点很吸引人。

以下是其中关于苏格拉底和亚里斯提卜的段落：

> 你要知道狂怒的库普里斯用多么炽热的火焰才熔化了这位圣人的心，阿波罗的神谕曾告诉世人这位圣人是世上最有智慧之人——但是就连这个苏格拉底也要经常拜访阿斯帕西娅（Aspasia）的寓所，他在那里尽情释放那深远智慧所带来的痛苦，得以卸下重担，但是到现在为止他还没有找到任何真正的解救之法，尽管他曾经通过辩论发现了很多方法。同样也正是欲望驱使昔兰尼人穿越地峡，当时头脑敏捷的亚里斯提卜与拉斯（Lais）陷入了热恋，从此不再与伙伴们交谈。

将赫尔迈西亚纳克斯的这一段与《亚里斯提卜论古人的奢侈》的作者相比较，我们就会看到其中的巨大差异。

另外一个例子同样反映了处理同一个文学主题的不同手段，关于亚述国王尼努斯（Ninus），说教诗歌的作者在作品中将他塑造成了一位荒淫的暴君，但是在一份埃及发现的浪漫散文中，尼努斯则是作为英雄的形象出现，同时也是钟情一位端庄公主的深情之人。

对于三种文学类型的普遍趋势以及它们之间的相互关系，我们已经讲得够多了。现在我们要对它们进行单独的研究。

从大体上讲，亚历山大诗派中流传至今的作品有卡利马库斯（Callimachus）的《赞美诗》(*Hymns*)、阿波罗尼斯·罗德斯

（Apollonius Rhodius）的《阿尔戈》（Argonautica）、忒俄克里托斯（Theocritus）的作品、三首说教诗歌（一首由阿拉图斯创作，另外两首由尼坎得所作）、吕哥弗隆的亚历山德拉（Alexandra of Lycophron）的作品，以及大量的由这些诗人或其他人所创作的警句。在这种情况下，存世的作品有很多，尽管其中并不包括亚历山大诗派最重要和最具特色的作品——叙事性哀歌（the narrative elegy）。

对于亚历山大诗派来说，阿提卡文体的复兴运动并没有对其带来很大的消极影响，其很多作品得以存世：亚历山大诗派的复古倾向对于文体学家（Stylists）很有吸引力，其中晦涩的典故和艰涩的用词受到专业学者的称赞，亚历山大城的克莱蒙特（Clement of Alexandria）将他们称为语法学家的孩子（παῖδες γραμματικῶν）。现在我们没能看到这些作品似乎应该归因于意外事故，因为其中的一些作品，诸如卡利马库斯的《艾提亚》（Aitia）和《赫克勒》（Hecale）则一直流传到拜占庭时期。 43

由于很多作品一直流传到罗马时期和拜占庭时期，因此除了上面列举的完整作品之外，还留存有大量亚历山大诗派作品的残篇，这些作品通过修辞学家和其他作者的引用得以幸存。不幸的是，只有极少数作品留存的篇幅足够长，长到我们可以欣赏的程度，比如前面提到的赫尔迈西亚纳克斯的作品。新近发现的纸草文献为我们提供了赫罗达斯（Herodas）的作品以及卡利马库斯赞美诗和警句之外的大量作品，包括部分《艾提亚》，这对于我们公正评判亚历山大诗派的成就和缺陷极其重要。

他们这一成就往往被说成仅仅在于注重并熟练掌握诗歌的形式。这种批评的缺陷，似乎主要是因为人们首先研究的是其与其罗马模仿者的联系，在这种联系中，强调诗派在形式上的重要性无疑是正确的。但是这个意外不应该成为我们无法理解事实本质的借口：如果我们将目光放远一些，超出罗马模仿者的作品，去研究帝国时期希腊文学的某些作品，包括诺努斯（Nonnus）和他的学派，希腊小说家和书信作者，以及阿耳齐弗隆（Alciphron）和阿里斯塔内图斯（Aristaenetus），或者我们甚至可以仔细研究一下罗马的新诗人（νεώτεροι，卡图卢斯和泰纳等）的短篇叙事诗（epyllia），结论就很明显了，亚历山大诗派除了他们出众的诗歌形式外，在诗歌材料方面也是重要的创新者。

44　　　我这里所指的并不是阿拉图斯和尼坎得（Nicander）说教诗歌，也不是各种千奇百怪的主题，这些主题都被一个积极进取的时代以格律的形式表现出来。很多说教作家仅仅是改编者，这意味着他们只是借用了散文作品中的故事，并将它改成诗歌的形式。阿拉图斯正是利用这种方式将欧多克索斯（Eudoxus）和泰奥弗拉斯托斯（Theophrastus）的天文学著作改编成了诗歌；尼坎得的《阿历克斯皮阿马卡》（Alexipharmaka）和《提艾里阿卡》（Theriaca）也是改编自阿波罗多洛斯（Apollodorus）的散文作品——分别是关于"解毒剂"（Antidotes to Poisons）和"蛇咬"（Snake-Bites）的论述。尼坎得的作品在古代很少被人们提及，但是阿拉图斯的作品却异常受欢迎，这也是文学史上的一个谜题。如果能够充分发挥，天文学毫无疑问是一个很合适的诗歌主题，但是阿拉图斯并没有尝试这一点。他的诗中处处体现着一种温和的斯多亚派哲学思想，但是有一点令人怀疑，这个事实是否能够解释阿拉图斯为什么能同时受到罗马人和希腊人的推崇。如今，这些诗歌中唯一值得我们赞叹的是作者独创性地在诗歌中运用了技术术语。相比于尼坎得的作品，阿拉图斯的这种独创性更加明显，因为在诗歌中描写一个等腰三角形的形状，其困难程度明显要高于在同一艺术形式中描写喝白铅水的后果。

当我提及诗歌材料的创新时，我甚至没有提到忒俄克里托斯及其模仿者的田园诗。这些作品对后世文学产生了重要的影响，但是它们并没有体现亚历山大诗派的真髓，或者只是偶尔地体现出来。如果要寻找创新，我们必须研究诗歌与希腊神话的关系以及诗歌中处理神话的方式。

从希腊文明的黎明时期开始，古希腊编年史诗（epic cycle）中的神话为几乎所有类型的希腊诗歌——史诗、抒情诗和悲剧——提供了原材料。但是现在时代变了，在源自卡利马库斯学派的文学口号中，我们发现人们对仍然采用这种陈规的诗人表现出轻蔑和反感的态度。这种所谓的反对史诗诗人的态度，并不是仅仅为了反对他们无趣地重复荷马措辞的做法，这种看法来自卡利马库斯的文章，在其中他表达了自己对古希腊编年史诗的厌恶。但是如果说英雄神话这种题材已经被诗人用烂了，那么诗人以后应该转向什么题材？纯粹的创造不符合希腊人的性情；纯粹的历史主题也不会受到青睐，因为这会限制诗人创作的自由。有时希腊化时代的国王们会养一批宫廷诗人，这些诗人的义务在于为他们保护人歌功颂德——其中的典型是史诗诗人马格尼西亚的西蒙尼德斯（Simonides of Magnesia），他为安条克一世（Antiochus Soter）的胜利创作赞美诗。但是尽管我们可以根据忒俄克里托斯和卡利马库斯的官方赞美诗来判断，这些诗人的作品富有魅力且较少卑躬屈膝，在这一点上强于那些为凯撒作颂词的罗马诗人们，但是他们的声誉并不高。

45

虽然有灵感的作家没有能力将当时的历史改写成史诗作品，但是这些后辈英雄（*Epigoni*）对历史还是有着浓厚的兴趣，在为诗歌寻找新材料的过程中，他们试图将神话中的故事与真实历史或他们时代流行的伪历史结合在一起。但是不要认为这种融合源于亚历山大诗派：我们必须记住卡利马库斯的警告——我不会歌唱没有经过证实的事物（ἀμάρτυρον οὐδὲν ἀείδω）。事实上摆在他们面前的诗歌材料已经结合了神话元素和历史元素，只是等待着被加工成诗歌。材料可以在地方传说和神话中找到，它们是对当地习俗和仪式的解释，几乎没有受到荷马式传说和雅典传统的影响，在它们原先诞生的地方留存了下来。

在小亚细亚地区特别是在爱奥尼亚地区，这些神话仍然为人们所熟知，或者被用心地记录在城市的编年史中。爱奥尼亚对希腊文明的重大影响长期以来一直是公认的事实：就像爱奥尼亚方言影响了通用希腊语那样，爱奥尼亚文学的精神内涵也影响了亚历山大诗派的风格。因为这些故事和地方传说成为亚历山大诗派的诗人创作诗歌的原材料，这些故事也许是亚历山大诗派最重要的内容。

阿波洛尼乌斯和卡利马库斯之间的著名争论往往会过分突出精练和简洁明了的卡里马库斯式（Callimachean）理念，使当代评论家，也使同时代的评论家几乎忘了，尽管这两人的性情和气质是完全不同的，他们作品的精神主旨也存在较大的差别，但是至少在一个方面阿波洛尼乌斯和卡利马库斯意见一致。阿波洛尼乌斯的创作主题从荷马式的英雄故事转变成了地方历史和地方神话，这一点如果没有体现在他的《阿尔戈号》（*Argonautica*）中，那至少在其他诗作中得到了体现，同时代的其他诗人也一样。

这些故事中的很大一部分涉及到爱情悲剧，其中包括人与人之间的爱情，人和神之间的爱情。后一种故事通过"变形"的理念与某个地方联系在一起，也就是说，这种观点认为一些河流、岩石或附近的事物是一位少女为逃离多情的神祇幻化而成的形态，或者诸如此类的故事。在前一类故事中，有一种主题普遍受到偏爱，通常是一位围城中的公主因为爱上了敌军的统帅而背叛了自己的人民：塔尔皮亚（Tarpeia）的意大利故事，普罗佩提乌斯（Propertius，他被称为罗马的卡利马库斯）一首哀歌的主题也许是这类故事中最有名的例子。毫无疑问，这些故事都有真实历史的内核，但是随着时间的推移，这些个别事例已经被象征性的故事所掩盖了。

这些故事的首要来源是帕耳忒尼俄斯（Parthenius）创作的神话小册子。帕耳忒尼俄斯是小亚地区尼西亚的希腊人，大约在公元前 75 年至前 70 年，他作为俘虏被带到了罗马，成为了诗人们（包括卡尔乌斯、卡图卢斯和秦纳等）的指导者，这些诗人试图通过研究亚历山大诗派的作品来实现自己的文学风格。帕耳忒尼俄斯被别人称作"最后一位亚历山大诗派的诗人"，这并不无道理。他同时也是维吉尔的老师，就像他在前言中所说的那样，他是为了维吉尔的好友、诗人兼政客科尔奈利乌斯·加鲁斯（Cornelius Gallus）将这一类的爱情故事收集在一起，因此这本书名为《爱的悲伤》(Ερωτικά παθήματα)。加鲁斯将这些故事作为自己创作史诗和哀歌的原材料，这里我们也许可以确定，帕耳忒尼俄斯极力推崇亚历山大诗派的做法。 48

在《爱的悲伤》的手稿中，大多数故事附有一份简短的列表，列出了那些记录故事的作者名字。研究证明，这些列表列出的并不全是帕耳忒尼俄斯自己使用的原始资料，但是这些资料通常被认为是值得信赖的，是一位相对早期饱学之士的作品。阅读这些内容很有启发：除了亚历山大诗派中阿波洛尼乌斯和欧福里翁（Euphorion）等人的名字，我们还发现其中反复提到当地的历史学家，比如萨摩斯历史上的阿里斯托克里图斯（Aristocritus）和米利都历史上的亚里士多德（Aristotle）等人物。除了米利都和以弗所之外，其他富有这些神话传说的地区有比提尼亚、帕勒涅（Pallene）和爱琴海的岛屿。

到目前为止我们可以看到，在希腊化时代以前，很少有诗人能够利用这些传奇中的故事材料。早期西西里诗人斯特西科罗斯（Stesichorus）也许是第一位将该主题引入到文学中的诗人，但是在他的《卡吕刻》（*Kalyke*）和《拉哈狄娜》（*Rhadina*）之后，其他诗人却没有继承他的这一做法。雅典的传统向来不利于这一主题，尽管和其他方面一样，这里欧里庇德斯的作品已经预示了后代人的品位。而奥维德能够创作悲剧，这一点千真万确。

"这里总是有爱情故事的材料"（haec quoque materiam semper amoris habet）[1]，但是这要到很久之后，当亚历山大诗派的影响涉及戏剧之后。这里有一点更加重要，那些阿提卡时代之后的历史学家对待这些传说的态度发生了变化。修昔底德只是稍稍涉及了蒂留斯（Tereus）、普洛克涅（Procne）和菲洛墨拉（Philomela）的故事，而且他是持鄙视态度的；在另外一方面，根据一些残篇判断，像蒂迈欧（Timaeus）和菲拉尔克斯（Phylarchus）等作家则煞费苦心地去扩展他们碰到的这些故事情节。

49

---

[1]　Tnst. II, 1. 382.

这些因素就这样为亚历山大诗派创造了条件，从某种程度上来说，他们对故事材料的选择受到了当时品位的影响，但是另外两个特殊因素也许能解释这种选择。首先他们作为作家附属于一个学术机构，也就是亚历山大博物馆。他们既是学者也是诗人，因此很自然地转向诸如地方传说的"奇怪和未知的故事"（ξέναι και ἄτριπτοι Ἱστορίαι）①。而且法勒鲁姆的德米特里（Demetrius of Phalerum）为亚历山大诗派带来了最直接的影响——至少对早期的亚历山大诗派是如此。无论德米特里在亚历山大图书馆的建立过程中扮演了什么样的角色，有一点是确定的，在亚历山大诗派的早期阶段，逍遥学派是埃及首都最主要的哲学流派，这要归因于德米特里的巨大影响力。相较其他学派，亚里士多德和他的继承者不仅热衷于研究恋爱心理学，而且他们同样研究当地的历史和习俗。这些学术研究为诗歌的创作带来了很多材料，因为这些案例中暴君被推翻十有八九都与激情之爱的故事有关。

亚历山大诗派利用这些故事的第二个原因，在于地方主义思想的重新出现。考虑到当时世界主义的大趋势，这一点似乎有些矛盾，世界主义是希腊化时代的一个重要特征，但是在当时的背景下，地方主义在当时并不是针对一个地区的现状的一种信仰，而是一种对于过往的伤感情怀——换句话来说，这只不过是一种情感，这种情感在当时的情况下促进了很多阿提卡类型地方志的创作。

一些城市除了自身与各种传说的联系外，并没有其他名望。斯托拉波和梅拉（Mela）告诉我们，塞斯托斯（Sestos）和阿拜

50

---

① Artemidorus, *Oneirocr.*, iv, 63.

多斯（Abydos）除了英雄的高塔和利安得（Leander）的故事之外没有其他有趣的事物，在这一点上，人们有时会怀疑，希腊诗人穆赛欧斯（Musaeus）关于这个主题的诗歌其实是以早期的希腊故事为原型，其中来历不明的高塔是故事的起点。上面提到的那些古代城市都很重视过去的辉煌可能给它们带来的物质利益：这些城市似乎有宣传部门，我们在铭文中发现，那些歌颂城市过去光辉历史的诗人将受到奖赏。这些赞美性质的诗歌被称为赞歌（ἐγκώμια Επικά），通常会在露天剧场戏剧比赛（ἀγῶνες θυμελικοί）上进行朗诵。在很多例子中，我们发现城市会雇佣知名诗人为城市进行诗歌创作，而叙述城市建立（Κτίσεις）的诗歌则成了亚历山大诗派艺术的公认分支。举例来说，阿波洛尼乌斯曾经为罗德岛、卡乌诺斯（Caunus）、亚历山大城和瑙克拉提斯（Naucratis）创作过诗歌，除此之外还有一首名为《卡诺普斯》（Canopus）的诗歌。我们发现，阿波洛尼乌斯本来是亚历山大城的当地居民，后来又被罗德岛授予了公民身份，瑙克拉提斯很可能也这么做了，因此我们可以理解这些诗歌并不是凭空出现的。因此亚历山大诗派在创作主题上转向地方传说是有其现实原因的。

他们在创作中如何处理自己的故事材料？根据古典时期的传统，他们可以使用的艺术形式共有 5 种，分别是史诗、抒情诗、哀歌、悲剧和喜剧。希腊化时代的喜剧也就是滑稽戏，剩下的四种中，我们不必讨论其中两种艺术形式，因为抒情诗在这时几乎已经消失了，而悲剧创作也走入了困境。

在公元前 3 世纪上半叶，有一群被称为昴宿诗派（Pleiad）的悲剧诗人，他们在当时享有很高的声誉。我们现在对他们的思想了解非常少。索斯提乌斯（Sositheus）是昴宿诗派的一员，他在一本诗集中受到了一位作家的赞美，因为他复活了情色戏剧的那种粗俗性质——这种称赞值得怀疑。另外一位是吕哥弗隆（Lycophron），他是唯一一位有完整作品存世的希腊化时代的剧作家。他所创作的独特的独角戏——《亚历山德拉》（Alexandra）——不能算是当时戏剧的代表作，也不能算是吕哥弗隆本人的代表作，如果他愿意，他能创作更轻盈的轻体诗，这一点在他作品的残篇中得到了体现，在其中他嘲笑了哲学家墨涅德摩斯（Menedemus）和埃雷特里亚（Eretria）的知识分子，而作者正是与这群人一起度过了青年时期。他在《亚历山德拉》中创作的那些关于鲜为人知神话的诗句所使用的诗体符合亚历山大诗派的文学原则，这些神话大多取自当时的地理学家和历史学家蒂迈欧（Timaeus），但是吕哥弗隆缺少一种特质，而正是这种特质让卡利马库斯等人的作品免于枯燥无味。

我们说过，当时的抒情诗几乎已经消失了。为了公共节日和庆祝游行而创作的抒情诗继续存在着，卡利马库斯和忒俄克里托斯曾尝试过抒情诗的创作，但这在亚历山大诗派中却是例外情况。现在的诗歌如果不是为了读者阅读而写，那至少也是为了朗诵的目的，因此为了让这些诗歌适应朗诵的需要，它们必须是三种形式之一——六步格的诗、哀歌体和抑扬格。忒俄克里托斯将品达和斯特西科罗斯（Stesichorus）的抒情诗改写成六步格，进而重写了他们的作品，使之符合当时的需要，这种做法有重大意义。抑扬格韵律——特别是跛脚抑扬格（scazon）或不规则抑扬格（choliambic）——在希腊化时代被犬儒学派和其他学派广泛运用，我们会看到，这些韵律被他们用在说教诗歌中，也被亚历山大诗派用在各种非正式的创作中，带有温和的讽刺意味，正如我

52

们在卡利马库斯的《短长格》（*Iambi*）中所发现的那样，我们在俄克喜林库斯（Oxyrhynchus）的纸草中发现了该作品相当数量的残篇。

但是亚历山大诗派喜爱的两种形式主要是六步格和哀歌体。六步格被用在诸如《阿尔戈号》（*Argonautica*）等史诗作品中，以及名为短诗（ἐπύλλια）的短篇作品、田园诗、赞美诗和其他主题的作品。哀歌体也可以被用在赞美诗中，但是主要用于叙事性哀歌和各种讽刺短诗。来源于地方传说的故事材料通常会被用在短诗（ἐπύλλια）或叙述性哀歌中。关于希腊化时代的真正短诗（ἐπύλλιον），目前我没有符合要求的例子，但是我们可以通过提取阿波洛尼乌斯《阿尔戈号》第三卷的相关内容来了解它的相关情况，他在其中描述了伊阿宋和美狄亚的爱情，我们也能参考诸如卡图卢斯的《珀琉斯和西蒂斯》（*Peleus and Thetis*）、《西里斯》（*Ciris*）或者《埃涅阿斯纪》第三卷等罗马人的模仿之作。至于叙事性哀歌，我们目前没有完整的作品存世，但是我们保有亚历山大·埃托鲁斯（Alexander Aetolus）的《阿波罗》（*Apollo*）、赫尔迈西亚纳克斯的《列奥提乌姆》（*Leontium*）、皮阿诺克勒斯（Phanocles）的《厄洛斯》（*Erotes*）和卡利马库斯的《艾提亚》等作品的残篇。通过将这些残篇与罗马人的模仿之作和希腊后期的作品相比较，我们就能更自信地评价亚历山大诗派在这领域的成就。

关于地方传说的重要性，我们的观点是，诗人对这些传说的利用意味着他们为希腊诗歌引入了浪漫和情色的主题，而迄今为止这些主题还没有得到充分的呈现。不幸的是，大部分亚历山大诗派的诗歌因为乐律和环境原因没有机会呈现在我们面前。将亚历山大诗派的诗人划分为两代也许是比较合理的做法。第一代的部分诗人，虽然他们在风格上是真正的亚历山大式，但是这些作品的创作时间比较早，那时候亚历山大城的诗歌创作与科学研究还没有产生密切的联系，他们的作品也就不受其影响。菲勒塔斯（Philetas）和赫尔迈西亚纳克斯跟随的是克勒芬的安提马库斯（Antimachus of Colophon）的步伐，安提马库斯活跃的时代比他们要早上一代人的时间，他们的爱情诗明显远离那些不相干的学问，但是在后来的亚历山大诗派诗人那里，对浪漫的兴趣却从属于对原因论的兴趣。

54

在俄克喜林库斯发现的卡利马库斯《艾提亚》的残篇在这一点上很有启发意义。比较幸运的是，这一部分包括整部作品中最著名的故事，开俄斯的阿康提乌斯（Acontius of Ceos）和纳克索斯的库狄普（Cydippe of Naxos）的爱情故事。这个故事因为奥维德的《情书》（*Heroides*）① 和其他作品而被人们熟知，在这个故事中，阿康提乌斯利用自己的智慧，让库狄普发誓嫁给他，但是库狄普的父母反对他们的结合，并准备将她嫁给别人，结果库狄普在婚礼的前夕病倒了，最终德尔菲的阿波罗成功地开导了库狄普的父亲，这对恋人幸福地走到了一起。在新残篇发现之前，卡利马库斯在《艾提亚》中的这个故事主要是根据晚期希腊作家阿里斯塔内图斯（Aristaenetus）的改编本重建的。与后者相比较，俄克喜林库斯的残篇显示了阿里斯塔内图斯如何利用独特的修辞手段，在叙述中注入了感伤情绪，这一点在原本中并不存在。现在看来，卡利马库斯只是偶然发现了这个故事，当时他将由色诺米

---

① Ov. *Heroides*, xx.

提斯（Xenomedes）编写的开俄斯编年史当作材料用到了哀歌创作之中。他明确地告诉我们，他记录了阿康提乌斯和库狄普变幻无常的人生，在其中他并没有投入大量的热情，他将大部分精力用于描述开俄斯的早期历史。后面我们将会涉及这一块。这首诗歌写得非常肤浅：卡利马库斯并没有打算去分析这对恋人的情绪或者做其他努力，他只是在记录事实。简而言之，这部作品完全缺乏人文价值。

鉴于此，我们非常不安地发现，在古代世界，人们似乎很推崇卡利马库斯对这个故事的叙述，认为这是最理想的爱情故事。我们会感到疑惑，但是我们也许会注意到。这个故事之所以受到欢迎，很大程度上要归因于它的大团圆结局。亚历山大诗派大部分的爱情故事——参阅帕耳忒尼俄斯（Parthenius）的《帕西姆》（*passim*）——明显是更具悲剧性质的爱情故事：变形的主题很少允许快乐结局的存在。在阿康提乌斯和普库狄的故事中，卡利马库斯迎合了公众品位，这是一种典型的爱情故事——也就是说，一对恋人因为种种磨难而被迫分离，但最终有情人终成眷属——这为后来的希腊小说家带来了灵感。但是只有一小部分功劳可以归于卡利马库斯和他的同伴：他们几乎是偶然发现了第一流的诗歌材料，但是在创作过程中却糟蹋了这些材料。亚历山大诗派心胸不够大，这是明显的事实，当时世界上所有人的聪明才智也无法弥补这一缺陷。

例外情况证明了规则的存在。罗德岛的阿波洛尼乌斯在他的《阿尔戈号》中对美狄亚的描写，可以说是亚历山大诗派中性格刻画最成功的，同时代的作家却视之为异端之作，人们经常认为，正是这部作品中体现的人性和真正的浪漫主义精神——并不是关于长诗和短诗孰优孰劣的学术争论——引起了他与卡利马库斯的争论。

在这种情况下，我们很难解释为什么罗马的哀歌作家要经常参考亚历山大诗派的作品——特别是菲勒塔斯和卡利马库斯的作品——将他们视作爱情诗歌中的大师。我们发现提布卢斯（Tibullus）、普罗勃提乌斯（Propertius）和奥维德等人的作品似乎与诸如《艾提亚》的叙事诗没有多大联系。因此人们认为，菲勒塔斯和卡利马库斯不仅会创作叙事性哀歌，在其中有普库狄这样的故事，同样也创作情色性质的哀歌，在其中他们像罗马诗人那样描写自己的爱情问题。另外一种理论认为，关于爱情主题的拉丁哀歌或多或少是原创作品，是对希腊爱情诗歌的发展和增补。虽然问题依旧存在并且悬而未决，但是有一点显然是确定的，亚历山大诗派的文人所拥有的真实感情和欲望，似乎全部留给他们的讽刺警句了。由此看来，卡利马库斯最雄心勃勃的作品是关于他死去朋友赫拉克利特（Heraclitus）的纪念诗。

希腊讽刺警句在希腊化时代之前就已经存在很长时间了，但是亚历山大诗派很好地将这种形式塑造成了一种文学工具，用来表达他们对生活的见解和感受。现存的希腊化时代警句大都是爱情主题，尽管它们利用了所有爱情诗歌中的传统手法和工具，举例来说，爱神厄洛斯（Eros）、他的弓箭和其他相关事物，但在亚历山大博物馆这个学术圈之外的诗人手中，比如萨摩斯的阿斯克列皮阿德斯（Asclepiades of Samos），它们仍然向我们展示了一种真挚的情感，这在当时的环境下是令人惊讶的。

还剩下两种希腊化时代的文学类型需要讨论，分别是娱乐文学和说教诗歌，我可能只是简短地说一下。这两者都体现了当时

56

57

47

的流行元素，与亚历山大诗派的作品完全不同。这些作品对普通民众有很大的吸引力，而且在娱乐文学的例子中，这种吸引力不是通过书本的形式赢取的——廉价小说和廉价漫画的时代还没有到来——而是通过公开演出的形式进行口语传播。

当然公元前 5 世纪和前 4 世纪的雅典也是这样的情况，但雅典的悲剧和喜剧是那几个世纪里公众教育和娱乐活动的载体，在希腊化时代却不适合用于同样的目的。正如我们所看到的那样，各式各样的悲剧仍然在舞台上上演，但是不再对群众有任何吸引力。而喜剧的情况甚至更加糟糕。阿里斯托芬的艺术对于托勒密的臣民来说没有多少意义，就连带有世界主义性质的新喜剧也只适合在傲慢且学术氛围较浓的雅典城上演。托勒密曾劝说那些著名的新喜剧作家离开雅典，邀请他们到亚历山大城进行创作，但是米南德拒绝了他的邀请，而腓利门（Philemon）虽然接受了邀请，但也只是在亚历山大城停留了一小段时间。显而易见，那里的气氛并不适宜。但是有一个重大的例外情况。马崇（Machon）是伯罗奔尼撒本地的喜剧作家，根据阿特纳奥斯的说法，他后来定居在亚历山大城，并在那里从事创作。他的作品没能流传下来，但是根据阿特纳奥斯的另一部作品，也就是关于高等妓女（hetairai）的诙谐但又淫秽的作品集中，阿特纳奥斯为我们保留了数量可观的摘录。将这些作品与米南德以及其他新喜剧作家的作品进行一下比较，新喜剧作品至少还小心保留了作品表面上的体面性，雅典人与亚历山大里亚人品位的不同就此一目了然。

希腊化时代的民众倾向于现实主义，倾向于仔细研究和表现他们周围的生活，随着奢侈程度的上升和民族的混合，相较于前代人，这种生活越来越追求感官上的刺激，而这种倾向在滑稽戏中得到了满足，而根据一位古代语法学家的定义，滑稽戏意味着"一种模仿生活各方面的戏剧，无论是合适的事情还是不合适的事情"。

在这个时期及其后来的一段时间内存在着两种形式的滑稽戏，一种是话剧形式的滑稽戏，另一种是以歌唱的形式进行表演——其中的演员分别被称为滑稽剧朗诵者（μιμολόγοι）和滑稽剧歌唱者（μιμῳδόι）。这两种类型分别起源于古代世界的不同地区，话剧形式的滑稽戏起源于西部多利安地区，而歌唱形式的滑稽戏则源自东部的爱奥尼亚地区。大希腊和爱奥尼亚地区的文化与继业者的诸王国有着明显的相似性。在更早的时期，诸如叙拉古、米利都和以弗所等大城市已经预示着希腊化时代将会存在的大型都市，其中的城市生活几乎也同样复杂和奢侈。因此自然而然地，一种特殊的艺术形式开始在早期城邦文明中兴起，然后这种艺术在雅典霸权时代经历了暂时的低谷时期，再随后当城邦生活再次活跃时，这种艺术形式又开始流行起来。

话剧形式的滑稽戏起源于大希腊地区，最早很可能是从伯罗奔尼撒地区的"多利安喜剧"中的一种形式发展而来。这种发展和演变并不困难，有证据表明，甚至伯罗奔尼撒的"多利安喜剧"也经常避免神话主题和虚幻元素，而专注于现实主义的生活刻画。至少阿特纳奥斯告诉我们，在斯巴达有一种名为德克隆（*Deikelon*）的戏剧性娱乐形式，在其中演员要扮演不同的角色，比如一名偷水果的贼或者一名外国医生。除了忒俄克里托斯和赫罗达斯的滑稽戏外，唯一留存下来的话剧形式的滑稽戏属于相对较晚的时期，但是有充分的证据表明这些滑稽戏在希腊化时代也相当流行。

59

　　甚至早在公元前 5 世纪，叙拉古的演员就开始向东部地区巡游，展示他们的滑稽戏表演技巧。但是只有到了公元前 3 世纪初，随着地中海文明联系的日益加强，就像其他的巡游活动一样，巡回的滑稽戏演员才成为希腊世界的一道风景。戏剧的制作显然被名为变戏法者（θαυματοποιοί）的不明阶层所掌握，而普通剧团的成员不会超过三四人。事实上除了首席喜剧演员（ἀρχίμιμος）之外，其他都不甚重要，因为滑稽戏从本质上来讲是一种独角戏。起初我们的确可以从字面上理解它，但是后来那位演员就要根据情景需要接受补充人员——也就是说，如果首席喜剧演员（ἀρχίμιμος）正在扮演一位医生，他就需要一位病人，或者其他类似的角色——但他总是会设法将所有动作的线索掌握在自己手里。这些演员兼管理者（actor-managers）的重要性在阿尔克希米姆斯（archimimi）的碑铭中得到了很好的阐释——以及阿尔克希米玛（archimimae）的那些墓志铭，这时也出现了另外一个具有现实主义意义的进步，女演员在滑稽戏中出现的频率不少于男演员，事实上，根据保留下来的作品判断，女性出现的频率明显要更高。到了公元前 3 世纪，滑稽戏似乎已经拥有了足够多的演员，尽管他们的戏剧表演一般缺少野心，以及也许是他们使用女演员的做法——女演员无疑会在道德上引发争议——引起了酒神节艺术家对他们的质疑。滑稽戏在一开始只不过是一种表现悲剧和喜剧的娱乐活动，但后来他们逐渐成为了节日庆典中的官方节目。早在公元前 270 年，一位名为克利奥帕特拉的变戏法者在提洛岛的铭文中和其他获奖人一起被提及，从这时候起，滑稽剧朗诵者（μιμολόγοι、βιολόγοι、ηθολόγοι，所有名字都指的是话剧形式的滑稽戏演员）出现的频率越来越高。

我们对话剧形式滑稽戏的外部特点的讨论已经足够多了。但它的主要内容是什么？在这里文学史家的研究因为材料的缺乏而困难重重。如上所述，我们现在拥有一份来自俄克喜林库斯的滑稽戏纸草：这份纸草属于公元2世纪，但它包含的作品中，有一部滑稽戏和一部闹剧（Farce），属于托勒密王朝晚期或罗马帝国早期。我们有一些来自阿特纳奥斯的提示，显示了滑稽戏的主题一般取自下层民众的生活，最终我们也许可以在一定程度上根据索弗隆（Sophron）、忒俄克里托斯和赫罗达斯创作的文学类型来论证流行滑稽戏的内在本质。

在俄克喜林库斯发现的滑稽戏的主题与赫罗达斯第5部滑稽戏的主题一样，也就是一位善妒女主人和她奴隶的故事，这位奴隶拒绝屈服于她的要求。这些情节的细节不太明确，很有可能的是，这份纸草仅仅包含了一部戏剧的大纲，这些简单的内容被记下来作为他们即兴表演的基础。这部作品与赫罗达斯作品主题一样，对此人们有多种解释，一些人认为在俄克喜林库斯发现的作品是对早期作品的改编和扩展，另一部分人则认为两种滑稽戏各自独立地利用了传统主题。

关于那些歌唱形式的滑稽戏，我们有相对更多的例子。对于这种作品，即兴表演比较困难，因此一般要在创作中就写好所有的对话。我们看到，这种戏剧（Mimody）源自爱奥尼亚，其中的表演者是堕落的吟游诗人。这样一来，在话剧形式的滑稽戏里，演员可以身着日常服饰出现，不必戴面具，但是音乐滑稽戏中的演员却要穿白袍和戴金冠。菲斯图斯（Festus）将歌唱形式滑稽戏的两种主要表演者的其中一种定义为欢闹和愉快诗歌的演唱者（lascivi et delicati carminis cantator），歌唱形式滑稽戏的一般作品无疑就是这样子，就像阿里斯托芬和琉善所提及的"爱奥尼亚诗歌"那样。

纸草文献为我们保留了几部这一种类的滑稽戏作品。到目前为止，最重要的是著名的《亚历山大里亚情色作品残篇》（*Alexandrian Erotic Fragment*）。其实这不是真正的残篇，而是完整的作品，作品哀叹一位被遗弃的高等妓女的悲惨命运，她在情人家外面请求他能回心转意。这一作品大部分都是以激昂的五音节音步（Dochmiacs）写就，其中的语言是公元前 2 世纪的通用希腊语，用一些诗意的表达加以衬托。这些作品与忒俄克里托斯的田园诗具有明显的相似性。只是这里我们拥有激烈的措辞和狂放的情感，这一点在忒俄克里托斯的作品中是没有的。

我们在巴勒斯坦的马里萨（Marisa）发现了另外一个关于歌唱形式滑稽戏的例子，它被刻在一座岩墓的墙上。墙上的内容印证了阿特纳奥斯 ① 作品中的一个段落，后者在文中告诉我们，腓尼基地区充斥着所谓的"洛克里安"（Locrian）歌曲，这些诗歌的主题不外乎婚外情。

亚里士多塞诺斯（Aristoxenus）② 告诉我们，歌唱形式的滑稽戏分为两种类型——悲剧模仿（hilarody）和喜剧模仿（magody），前者是悲剧滑稽戏，后者则是喜剧滑稽戏。如果这一点是正确的，上面提到的来自俄克喜林库斯的滑稽戏是一种喜剧模仿，因为这是对欧里庇得斯《陶里斯的伊菲革涅亚》（*Iphigenia in Tauris*）的滑稽模仿。一位名为夏里提恩（Charition）的希腊少女被印度蛮

---

① XV, 679 B.
② Ath. XIV, 62 1 c.

族所俘虏，她的兄弟将印度国王和他的追兵灌醉，使他们无力追
赶，进而成功将她救出。故事有一个明显的现实主义特点，即这
些蛮族有自己的语言，东方学家鉴定认为这是印度南部地区的一
种方言。

在对这部分进行总结以前，稍微谈论一下忒俄克里托斯和赫
罗达斯的文艺滑稽戏是有必要的。这些亚历山大诗派的诗人遵循
索弗隆（Sophron）的创作方式，索弗隆是文艺滑稽戏之父，他活
跃在公元前 450 年左右的叙拉古。从目前留存下来的索弗隆作品
残篇来看，我们显然无法重构一部完整的滑稽戏，但是诸如《金
枪鱼》（The Tunny-fisher）、《信使》（The Messenger）、《女裁缝》（The
Sempstresses）和《地峡运动会的女性观众》（Women Spectators at
the Isthmian Games）等作品题目显示索弗隆喜欢描绘日常生活的
典型场景。这些作品中并没有老式雅典戏剧中的虚幻元素，也没
有对神话的滑稽模仿，而这在另一位伟大的西西里作家埃庇卡摩
斯（Epicharmus）的作品中很常见，雷赫顿（Rhinthon）和《皮
勒亚克斯》（Phlyakes）的不同作者也在公元前 3 世纪再次使用了
这些元素。索弗隆手中的滑稽戏仅仅是对生活的模仿。在一方
面，相较于他的模仿者，索弗隆的作品更接近于非文艺滑稽戏：
他用散文形式进行创作，一种"有节奏的散文"，不管这意味着
什么，仍然是散文。忒俄克里托斯和赫罗达斯以诗文的形式创
作滑稽戏，无疑牺牲了现实主义的表现手法。在这两位作家中，
忒俄克里托斯的六步格诗自然比赫罗达斯的跛脚抑扬格更加理
想化。

我们目前拥有七部完整的赫罗达斯的作品，并且另外一部也
有可观的篇幅存世。这些作品验证了我们早前对滑稽戏的定义，

因为其中的第 1、2、5 和 6 部作品的主题都不是很讨人喜欢。但是赫罗达斯的作品比较温和，较少有攻击性：他的艺术风格完全不带任何个人感情，不会表露自己对作品角色的喜憎。他在作品中唯一的主观注解是讽刺性的蔑视。

忒俄克里托斯为我们留下了 3 部滑稽戏，也就是第 2 田园诗《女巫》(*The Sorceresses*)、第 14 田园诗《西尼斯卡的爱情》(*The Love of Cynisca*) 和第 15 田园诗《叙拉古妇女》(*The Syracusan Women*)。这些作品长期以来被认为是富有灵感的现实主义杰作。他那具有乡土风味的田园诗被归类为描述乡村生活的滑稽戏，但是忒俄克里托斯在其中远比在城市滑稽戏里更加理想化，他故意略去了很多元素，而原本更加现实主义的处理手法肯定会包含这些元素。我们必须注意到，他在所有田园诗中的创作方式绝非相同。第 4 和第 5 田园诗无疑是最不做作的作品：这些作品中的故事情节发生于大希腊地区，在忒俄克里托斯对田园生活的描写中，这应该是最早的作品，这是一个合乎情理的理论，这些作品创作于他定居于科斯岛时期，这时候他在西西里和南意大利的童年记忆仍然异常鲜活。在现实主义风格上比较接近这些作品的是第 10 田园诗；剩下的作品则较为做作。忒俄克里托斯要么像第 1 田园诗那样概括并升华了他的主题，要么将田园作为一个背景，将朋友和同时代作家置于其中。第 7 田园诗，即著名的《提阿路西阿》(*Thalusia*) 被公认为是所谓的"田园诗化装舞会"(Bucolic Masquerade) 最佳范例，但是除此之外，也存在其他意图相同但又不很明显的诗歌。举例来说，在第 11 田园诗中，波吕斐摩斯 (Polyphemus) 的苦恋情节，以及对哀歌作者所珍视的主题的滑稽模仿，其动机明显不是用来讽刺同时代的诗歌作品，就像人们有时所设想的那样，而是对当时生活的反映。但是忒俄克里托斯的讽刺作品比较亲切温和，这或许是因为它不是源于任何道德上的认真劲，而是仅仅来源于他强烈的幽默感。

忒俄克里托斯和赫罗达斯在滑稽戏领域受到了索弗隆多大的影响，这很难估计。[①] 一些用词上的相似之处非常明显，但是如果说忒俄克里托斯只是将早期作家的作品现代化，这明显是荒谬的。他和赫罗达斯有自己的眼睛，通过他们自己的观察来描写当时的生活。

现在我们讨论希腊化时代的最后一种文学类型——伦理学家和讽刺作家的作品，如上所述，这些作品被描写为是对亚历山大诗派无道德诗歌和各种情色作品的强烈反击。正如人们预料的那样，这些作品的作者们与托勒密宫廷和亚历山大博物馆没有什么关联：托勒密诸王并不欣赏讽刺文学和说教文学，索塔德斯（Sotades）就因为攻击托勒密二世的私生活而被皇家舰队司令溺毙。大多数伦理学家终其一生都在希腊世界到处游荡，如果他们会定居下来，那个地方一定是雅典，那里的市民能够忍受他们这种无害的怪人，就像公元前 4 世纪他们忍受第欧根尼那样。他们以自己的独立自主为豪，甚至到了炫耀的地步，他们蔑视那些被关在亚历山大博物馆内的学者和诗人，弗里乌斯的泰门（Timon of Phlius）是他们中的一位，他将博物馆描述为"缪斯的鸡窝"。亚历山大诗派的学者也做出了反击，如果这是真的，埃拉托斯特尼波里斯提尼斯人曾将比昂（Bion the Borysthenite）——也许是最有名的流浪伦理学家——描述为一位为哲学披上艳丽外衣

66

---

①   Comp. Headlam, *Herodas*（1922）, p. xxv.

（ἀνθινά）的学者，这是一种高级妓女的花哨服装，换句话说，他出卖了高贵的哲学。忒俄克里托斯也以同样的方式嘲笑了贫困且脏兮兮的毕达哥拉斯主义信徒。比昂是戏剧原因（θεατρικός），也就是用低级趣味讨好观众的作家，[①] 正如他的批评者所说的那样，这种行事方式深受亚历山大诗派的憎恶。

这些人用来表达不同思想的散文形式现在被称为苟评（Diatribe），而在当时是文学创作形式的一种，不同的学者对此有不同的定义。通常来说，这个术语相当于基督教布道的异教对应物，对一些常见主题进行通俗的说教，通常由一位流浪哲学家传达给受众，他可以在街角、军营和公众节日中召集到这些听众。这些高谈阔论似乎有一定的文体特征，对人群很有吸引力，这些特点有使用对照、拟人、象征和双关语等。我怀疑，德国学者将苟评自身通常不具备的优点归于了苟评：无论如何，德勒斯（Teles）的道德说教复活了比昂的思想——比昂是所谓的苟评的开创者——德勒斯的说教大都是陈词滥调，到了枯燥乏味的地步。但是苟评散文有一个相当复杂的主题，这里不便进一步讨论。我们只能简略地分析一下以诗歌形式进行创作的，或者同时混合了诗歌和散文形式的讽刺和说教作品，这其中加大拉的梅尼普斯（Menippus of Gadara）是首要代表。

在这部分里共有 5 位作者，我们或多或少能够对他们有充分的了解。他们是底比斯的克拉特斯（Crates of Thebes）、加大拉的梅尼普斯、麦加罗波利斯的科尔基达斯（Cercidas of Megalopolis）、克勒芬的菲尼克斯（Phoenix of Colophon）和弗里

---

① Comp. Tarn, *Antigonos Gonatas*, p. 236, n. 49.

乌斯的泰门。这5位中的前3位公开宣称信奉犬儒学派的哲学思想，但是菲尼克斯明显不属于任何学派，泰门则是一位怀疑论者，是皮洛（Pyrrho）的信徒。

犬儒学派是希腊化早期流行哲学的主要代表，很多学者都承认这一点，但是最近几年学术界却出现了过分夸大他们重要性的趋势。每一份公元前3世纪的道德说教残篇都会被认为源于犬儒学派，而且出现了各种各样的专著，旨在说明犬儒学派对后来文学发展的无所不在的影响。有一点确实是正确的，安提斯泰尼（Antisthenes）和第欧根尼的悖论在公元前300年已广为人知，他们为任何想成为讽刺作家或传道者的人提供了有用的参考依据。进一步讲，虽然公元前3世纪有很多知名的哲学流派，但是其他哲学体系对我们所讨论的文学发展并没有起多大的影响，除此之外，还存在大量不属于任何哲学流派的道德说教，在普通民众中一代又一代传下去。犬儒学派思想的总体色彩是众所周知的。他们哲学体系的主要特点是对普世价值观进行重新评估、批判社会以及颂扬穷人和受压迫者。很明显，讽刺作家和伦理学家可以毫无困难地利用这些思想，事实上很多希腊化时代的作家们倾向于利用这种思想，但是他们不全是犬儒学派的学者。

这也许看起来有些奇怪，像克拉特斯和其他刚才提到的作家们要利用诗歌的形式来表达自己的思想，但是我们这里有几个因素来解释这个现象。首先，这些人最喜欢的文学手法是模仿（parody），他们用此来表达自己的思想，这种模仿自然倾向于诗文模仿。其次，学者们都有一种倾向，即将早期的希腊诗人如阿尔齐洛科斯（Archilochus），特别是希波纳克斯（Hipponax）视作公元前3世纪通俗说教者的先驱，后者的跛脚抑扬格经常被希腊化时代的伦理学家使用，同样也被卡利马库斯等知名诗人使用。最后，虽然从某种程度上来说，这是一个散文的时代，但这也是一个自由的时代，可以进行任何类型的诗歌实验，因此在这样的时代，如果哲学没有以诗歌形式进行创作，反倒显得奇怪了。

69底比斯的克拉特斯是一位有趣的人物，他放弃了所有的财产，去体验流浪哲学家的生活，成为了第一位真正的犬儒学派思想传教士，而他的老师第欧根尼则只不过是一名声名狼藉的追逐者。在另一方面，克拉特斯受到一种纯粹"传教"热忱的激发，为了人们灵魂的福祉，渴望"与人们一起努力"（约翰·伍尔曼那在这里做了令人愉悦的描述），并且因为他喜欢做挨家挨户的拜访，而获得了开门者（θυρεπανοίκτης）的绰号。他的文学作品就和他本人一样，简单又平凡，但是通俗易懂正是他作品的魅力。现在看来，他创作过悲剧、游戏诗（παίγνια）（以六步格和哀歌的形式进行创作的戏仿剧），也存有一定数量的书信。克拉特斯是第一位犬儒学派的诗文模仿者，他的后继者也立即跟。所谓的讽刺诗歌（Silloi）是其中一种模仿形式，荷马式的诗行和措辞在这里得到了很好的运用，或多或少地旨在表达作者的个人讽刺，这在公元前6世纪就由色诺芬尼（Xenophanes）进行了运用，后来泰门复活了这种用法。克拉特斯作品的少数残篇显示了他在诗歌创作中也使用了这种方法。但是这位希腊化时代的信徒远没有达到这类讽刺作品所需的质量要求：他更擅长安静地改写各类诗作，纠正原作中的错误观点，或者补充作品中缺少的道德内涵。他在这个方向上最著名的成果是对荷马作品的模仿，这部作品名为《佩拉》（Pera）（钱包），作品中犬儒学派的外在符号成为了一种乌托邦的代名词。在残篇中，下面两行是值得我们注意的，因为其表达了作者坚定的独立性：

> 他们没有受到奴隶般欲望的奴役和征服，因此他们喜爱
不朽的统治和自由。

(ἡδονῇ ἀνδραποδώδει ἀδούλωτοι καὶ ἄκαμπτοι

ἀθάνατον βασίλειαν ελευθερίαν τ' ἀγαπῶσιν.)

加大拉的梅尼普斯则是一位完全不同的人。关于此人的生平 70
我们知之甚少，目前的信息只有这些，他是锡诺普一位军官的
奴隶，后来成为了犬儒学派学者梅特若克勒斯（Metrocles）的学
生，又因为商业上的成功积累了一大笔财富，最后在底比斯作为
一名自由民死去。就我们所能重构的内容而言，这一平淡但值得
尊敬的生涯构成了他作品奇特的背景，他在手册中以严肃喜剧
（σπουδαιογέλοιον）这种文学类型的创始人的身份出现，这是一种
混合着认真和滑稽因素的文学形式，旨在笑着说出真相（ridentem
dicere verum）。"人类短暂存在的嘲弄者"，马可·奥勒利乌斯这
样称呼他；"一条冷不防会咬你一口的可怕猎犬"，琉善在文章中
这样提及，他承认自己的创作受其影响。

梅尼普斯的作品没有流传下来，但是幸运的是，他在希腊世
界和罗马世界有一大群模仿者，其中包括瓦罗、塞内卡（他关于
克劳迪乌斯的讽刺文）和琉善，从这些作家的作品中，我们有可
能对他们所遵循的原则有一定的了解。正因为如此，琉善的作品
对我们帮助最大。在阿提卡文体复兴运动之后，梅尼普斯就被希
腊世界遗忘了，直到琉善重新发现了这位遭遗弃的小丑，他算
是梅尼普斯的同胞，并将他的作品现代化和阿提卡化，使之迎合

当时的大众口味。琉善在两个段落中承认自己深受其影响，但是最近的研究表明琉善的独创性比原来想象的还要小。虽然很多方面仍然存有疑问，但是重构梅尼普斯作品的大致轮廓还是有可能的——也就是他的那部《招魂术》（Nékvia），这部作品其实相当于一部下降（κατάβασις）或者是降入阴间（Descent into Hell），他在其中叙述了他深入阴间，找到了泰瑞西亚斯（Teiresias），并向他请教什么样的生活才是最好的。世上的哲学家们宣传着不同的思想和信条，而梅尼普斯则反讽地声称，必然的事情只有通过这种超自然的方式才能达到。最后他终于找到了那位盲眼先知，也得到了关于最好生活的答案，最好的生活就是普通人（τῶν ἰδιωτῶν）的生活，他似乎指的是一种不受任何教条主义影响的生活，其中最明智的策略是"把握好现在"（τὸ παρὸν εὖ θέσθαι），这也是在没有访问冥界的情况下，梅尼普斯可能给与自己的忠告。但是泰瑞西亚斯作为寻找的目标仅仅是作品的框架，在其中设置梅尼普斯在阴间看到的各种景象。这类景象描写经常陷入自相矛盾的境地，这在作者处理这类主题时几乎是不可避免的；但是有两个目的相对于其他显得比较突出，首先，尖刻地嘲弄富人和暴虐的统治者；第二，模仿那些严肃的神话故事，包括俄耳甫斯（Orpheus）、赫拉克勒斯等进入地狱的故事，并且讽刺利用冥界的阴森景象使读者产生恐惧情绪的各种理论。

梅尼普斯似乎在他的讽刺作品中使用了很多其他的情景——宴会场景、升入天堂和拍卖会等；但是琉善的模仿之作不足以让我们像在《招魂术》中那样找出原作与众不同的部分。梅尼普斯有很明显的讽刺天赋：他在讽刺作品中不会放过任何人，尽管他宣称自己是犬儒学派的信徒，但对那些不真诚信奉学派信条的人

毫不留情。他的目的无疑在于展示自己的讽刺天赋；而作品中的 72
道德影响力则处于次要地位，从这一点来看，人们通常会拿他与
第欧根尼做比较，而不是克拉特斯。

　　科尔基达斯是我们要讨论的第 3 位伦理学者，他此前在历史
上一直是默默无闻的人物，直到最近俄克喜林库斯出土了《梅里
阿比》(Meliambi) 的大量残篇。作为公元前 3 世纪希腊世界的一
位成功的政客，他与希巨昂的阿拉图斯有着密切的关系，当时后
者正与经济危机所造就的革命趋势作斗争。但是除了这些关系之
外，科尔基达斯宣称自己属于犬儒学派，残篇中的证据表明他并
没有忽视政治对手所提出的公正性问题。根据最有可能的解释，
在现存最长的一部残篇中，他首先讽刺了守财奴和败家子，然后
又质疑了神圣天意的存在，最后下了结论：他们这些富人阶层必
须改变生活方式，并且对下层民众展示出更多的怜悯之情，否则
他们会被社会革命的火焰吞没，被迫交出他们拥有的所有财物。
其中一份残篇更多地带有自传性质，在其中科尔基达斯与自己灵
魂进行对话，并将自己对老年和死亡的平静期待与人们通常不情
愿地闭上眼睛进行对比。其他残篇大部分都是犬儒学派那些不讨
人喜欢的思想，比如他们享乐主义的爱情观等思想。

　　克勒芬的菲尼克斯是另一位被纸草学家拯救的作家。他作品 73
的编辑者极力将他定义为犬儒学派哲学家，但是他受犬儒学派思
想的影响似乎一点也不比那个时代作为流行哲学家写作的人多。
他的跛脚抑扬格在措辞上表现出一定技巧，词汇上也有一定效果，
但是他故事的主题则显得十分无趣，大部分都是老生常谈，通常
描述富人的过失和穷人不该遭受的受苦受难。直到今天，他仍然
是希腊化时代大量文学作品的主要代表人物，在这些作品中，希

腊生活采用了与亚历山大诗派完全不同的标准。

弗里乌斯的泰门是一位更有趣的人物。泰门在哲学上属于怀疑论者，是艾利斯的皮洛的信徒，但他不是一位普通的哲学家。和国王安提柯一世一样，他只有一只眼睛，但是安提柯一直不允许别人为他画肖像，直到一位画家偶然想出了一个绝妙的方法，只描绘国王的侧身像，而泰门则完全不同，他一直对自己的缺陷引以为豪，不厌其烦地将自己比作独眼巨人库克罗普斯（Cyclops）。泰门出生在弗里乌斯，起初是一位舞蹈演员，后来成为一名成功的诡辩学家，在卡尔西顿活跃了几年，最后成为了一名哲学教师，他的大部分时间都是在雅典和底比斯度过。他的道德品质似乎受到第欧根尼·拉尔修（Diogenes Laertius）的抨击，称他是好酒贪杯者（φιλοπότης），但是就如瓦克斯穆特（Wachsmuth）在他版本的讽刺诗集（Sillographi）中提到的那样，我认为第欧根尼的文本对于泰门的评价是不公正的，爱诗人者（φιλοποιητής）这个更具赞美性质的单词显然更加合适。泰门像知名的犬儒学派学者一样是位标志性人物，卡里斯托斯的安提柯（Antigonus of Carystos）是一名哲学家的传记作家，他将泰门描述为一个只管自身之事的人（ἰδιοπράγμων，一个独立之人）。他能很快抓住别人的弱点，并且利用这一点嘲弄对方。其他故事则将他描述为心不在焉的哲人，无视自己的作品散放着被老鼠啃食。他平时不吃早餐的习惯（第欧根尼注意到了这一点）也是出于这个原因，尽管瓦克斯穆特会将此视作禁欲主义。泰门是一位相当博学的人物：他对荷马非常了解，可以在创作中熟练地模仿史诗，我们得知，诗人阿拉图斯曾经就如何获取最好的文本咨询过他。

他的散文作品目前只有两部为我们熟知，在《巨蟒》（Πύθων）

这部作品中，他记录了自己转变成怀疑论者的过程，而《阿尔凯西拉乌斯的葬礼宴席》(*Funeral Feast of Arcesilaus*)则是一首翻案诗，他在其中收回了之前对同一个人的攻击。他在诗歌创作中的讽刺意图更加明显。第欧根尼列了一个全面的名单，包括悲剧、情色戏剧或性喜剧、长短格（*iambi*），以及最重要的——讽刺诗（*Silloi*）。几乎所有幸存下来的残篇都来自这张列表。无论讽刺诗（Σιλλός）的词源是什么，这个词意味着这种诗歌的主要内容是各种嘲弄和恶言谩骂。正如我们所看到的那样，这种风格源自公元前6世纪的色诺芬尼，而比泰门早一代的克拉特斯也在创作中使用了此风格。泰门追随了色诺芬尼的脚步，但是和他同时代的诸如梅尼普斯等大多数讽刺作家一样，他在其中添加大量喜剧元素，举例来说，他非常热衷于那种怪诞元素的组合，这点和科尔基达斯比较相似。在讽刺诗中，泰门旨在讽刺那些教条主义的哲学家，他意识到通过模仿荷马的作品能达到此目的，因此史诗中的各种措辞被加以歪曲，以此暴露那些权威们的弱点和浮夸，作品中的所有冲突，比如说战争场景和地狱之行都为了同一个目的进行了改编。

无论是他的讽刺作品，还是他个人的流浪生活，都表明泰门本人赞成犬儒学派的思想，但是在特定方面，他却非常不犬儒。他的讽刺诗明显不是通俗诗歌。要想鉴赏这一讽刺作品，我们必须对哲学史有深入的了解，毫无疑问，正是为了让读者了解这些知识，后世至少有两位学者为此诗写了注释。这样看来，尽管泰门极度看不起同时代的学术团体，也就是那些所谓的亚历山大博物馆的囚犯，但是他的主要作品也和博学之士的诗歌一样，是一种阳春白雪。

这次讲座的主要目的是为了说明，关于希腊化时代文学作品的传统观点多少具有片面性。这种传统观点倾向于强调新时期文学创作的"学术性"。他们分析了科学散文作家和亚历山大诗派诗人的主要作品，但只是对后者的形式做了评价，却忽视了作品的实质内容，在发现这些作品与罗马模仿者存在联系的同时，却忽略了与后世希腊文学的联系，这些评论明显已经走入了歧途，虽然为希腊化时代的文学描绘了一张图画，但这种描绘过于一致，以至于不准确。罗德曾经写了一本关于古希腊小说的开创性著作，该研究表明，亚历山大诗派流传给后世的东西远不止学术诗歌这种艺术；在另一方面，最近 40 年埃及考古上的发现为我们带来了另外两种希腊化时代的作品，与宫廷诗人和博物馆学者的作品完全不同。这两种流行的文学形式因为其现实主义精神而显得生动活泼，而当时的博学之士则依靠各种故事材料，为我们展现了不完全但却是不容置疑的浪漫主义倾向。

一方面是亚历山大诗派的诗人，另一方面是滑稽戏和说教诗歌的作者，这两者之间的联系，我们可以在诸如忒俄克里托斯和赫罗达斯等作家的作品中发现，这两人根据亚历山大诗派的艺术原则处理各种流行素材。现实主义精神在不同程度上主导了以上两位诗人的创作过程，而且在他林墩的列奥尼达斯（Leonidas of Tarentum）所创作的讽刺短句等作品中也产生了良好的效果，他的大部分作品都是关于下层群众的日常生活，但在亚历山大诗派较为传统的作品中，现实主义的出现却显得有些不协调。诚然，卡利马库斯似乎在他的《赫克勒》(Hecale) 中描绘了提修斯在遭遇马拉松公牛之前招待他的老妇人以及她的乡村小屋的迷人景象，但亚历山大诗派对这一主题的一般使用则更为矫揉造作。博学之士热衷于利用他们观察到的人类平常生活中的各种细节描绘诸神和英雄们的生活。有时作品中的诸神拥有普通人那样的生活，就像希腊化时代的国王和公主一样。阿波洛尼乌斯是第二类作者的代表，他在作品中描述了厄洛斯和伽倪墨得斯（Ganymede）像宫廷侍从那样玩掷骰子游戏，或是梳妆台上的阿弗洛狄忒，或者是托勒密一世和亚历山大大帝将赫拉克勒斯安排到自己的卧室——"当他喝足了芬芳的琼浆玉液。"关于第一种故事，我们有卡利马库斯的赫尔墨斯和诸神女儿的相关轶事，当她们淘气时，赫尔墨斯与她们的母亲商量好，然后将自己化装成独眼巨人库克罗普斯，冲出房外去吓唬她们，好让她们安静下来。相似的故事还有忒俄克里托斯关于少年赫拉克勒斯的故事，或者阿尔克墨涅和安菲特律翁的家务安排。

提及这些内容是为了说明，即使是亚历山大诗派的诗人也不能在一些观念上完全免于当时更流行趋势的影响，但是他们与其他作者在立场上的不同远不是前文刚刚提及的巧合所能弥合的。这种区别在贺拉斯的《讽刺诗集》（*Satires*）① 体现得最明显，在这部作品中，他首次将卡利马库斯关于那种典型的亚历山大式爱情主题的隽语翻译出来，这种爱情

"远离爱人之人，寻求不爱之人"（καί φεύγει φιλεοντα καί ού φιλέοντα διώκει），②

并让此经由他那位浪漫情人的口中说出，然后以让人联想到第欧根尼或科尔基达斯作品的话语问道，这些优美的诗句如何能

---

① Sat. I. 2, 11. 105 sqq.
② Theocr. vi，1. 17.

够治愈灵魂的痛苦和混乱：

你是否希望这些小诗可以驱散你心中的烦恼、激情和严重的焦虑（Hiscine versiculis speras tibi posse dolores atque aestus curasque graves e pectore pelli?）

这个愤怒的问题很可能是希腊化时代的伦理学家对亚历山大诗派的评价，但我们没必要也这么做。新的考古发现可能迫使我们更正以前对希腊化文学的整体观点，亚历山大诗派的重要性仍然不能被人们忽视，这或许不是因为他们自身的成就，而是因为他们为后世作家带来了不少灵感的源泉。举例来说——如果没有亚历山大诗派的影响，奥维德几乎不可能创作出《变形记》（*Metamorphoses*），现代文学和现代艺术同样会遭受不小的损失。

希腊化时代的流行哲学

埃德温·贝文（Edwyn Bevan）

摘要： 亚历山大大帝的征服极大地改变了希腊世界，各种流派的哲学思想变得前所未有的流行，禁欲主义在斯多亚学派、伊壁鸠鲁学派、怀疑论者和犬儒学派等中都有体现，他们认为通过禁欲，将个人对各种事物的兴趣和欲望消减至一定程度，就能获得个人自身的独立，摆脱命运的掌控，这是古代世界的哲学流派所共有的哲学理念。但是另一种理念却倾向于强化这种兴趣，这可以用"事业"（a cause）这个词来表示，也就是人类为此而奋斗的事业，比如说民族大业和宗教事业，各种事业是推动人类前进的动力。而后来的基督教也具有类似的理念，基督教号召教徒进行不断的斗争，为上帝之国的降临而奋斗。

关键词： 流行哲学、超然状态、兴趣、事业

马其顿对近东地区的征服标志着人类历史的新纪元。在接下来的几个世纪，一种独特的文化在希腊城邦中不断发展，涉及的地区包括巴尔干半岛南部和其他广大的地中海地区。当亚历山大

大帝开始远征波斯时，这种文化已经孕育了很多伟大的文学和艺术作品，我们今天把它们归类为古典作品。而马其顿的征服则带来了巨大的变革。希腊文化以前产生于城邦框架之内，其关注的焦点也是城邦本身，我们不能说这时的城邦框架已经解体了，但是它的确在损耗和减弱中，当时大量希腊城邦的公民被吸引到了东方的新城市中，而所有的希腊城邦，无论新旧，他们的政治权限都被强有力的希腊—马其顿王室所限制。人们经常这样描述，在这种改变了的大环境下，希腊人发现自己只不过是广阔地平线上一颗微不足道的原子。在原先古老的城邦生活中，城邦的政治和社会生活赋予了所有公民所需的各种乐趣；城邦传统和公众舆论赋予了人们道德准则。但是现在与更大的外部世界相比，城邦政治变成了地方性的事务，不再能引起人们广泛的关注，与此同时外部世界为各种商业组织打开了大门，在希腊化时代的宫廷和军队里，现在有各种全新的刺激、冒险和获取财富的机会。在市场、宫廷和军队里，来自不同城邦的大量希腊人聚在了一起，这些个体为了各自的利益你争我夺。这是一个动荡不安的世界，希腊公民（*diracine*）没有生活的目的，只是为了不断地去获取财富、造就轰动以及争夺权力——混乱和令人眼花缭乱的机会代替了原先城邦的常规活动、礼仪和义务，社会陷入了道德败坏的状态，就如同所有此类社会中都会存在的命运持续的戏剧性变化，一个处于权力和财富顶峰的人，转眼就有可能变得一无所有。因此事物的发展过程毫无道理和原则可言，这只不过是一次巨大的机会或幸运游戏，而命运女神（τύχη）是这世上唯一的神祇。

但是对于某些人来说，这样的世界不能让他们感到永久的满足。追求财富和轰动也许能暂时让他们对生活充满兴致，但是最后不可避免地会产生疲倦和厌烦情绪。这些人感觉自己在跳一出令人困惑的舞蹈，他们期望自己的生活能有明确的准则。古老的希腊传统宗教，尽管其中存在着道德元素，尽管也存在着这样的理念，认为诸神根据正义的原则统治着整个世界，尽管传统宗教在某种程度上仍然存有生气——希腊的宗教现在已经混合了各种不纯正因素，至少包括一些粗俗的和原始的元素，但是现在这种宗教已经不能像希伯来人的耶和华律法那样引导人们。因此正是在这段时期，声称自己能起人生向导作用的哲学，开始变得前所未有的流行。 81

当时任何地方都能看到哲学家——城市的街道里、国王的宴会上——柏拉图式哲学、逍遥学派、斯多亚学派、伊壁鸠鲁学派、怀疑论者和犬儒学派，那些禁欲主义者开始在服装上被劳工阶层同化了——他们都是身着名为斯巴达袍（*tribon*）的白色斗篷，同时哲学家则逐渐被区分出来，在这个社会里，上层社会的人们习惯于剃光胡子，而哲学家则蓄起长胡子，这是他们所珍视且引以为豪的。不同学派之间经常进行辩论，并且很容易演变成斗殴。琉善为我们生动地描绘了公元前 2 世纪时哲学家们的争吵和混战。但是甚至在更早的希腊化时代，我们也能在第欧根尼·拉尔修的著作中看到不同学派的哲学家们是如何互相攻击的。哲学家们竞相争夺国王们的灵魂。这里有一份有趣的文献，记录的是伊壁鸠鲁哲学家皮洛尼达斯（Philonides）的生活，这份文献来源于几年前在赫库兰尼姆（Herculaneum）发现的一份纸草。他是塞琉古国王安条克四世（Antiochus Epiphanes）同时代的人，安条克四世在《但以理书》（*the book of Daniel*）中被称为"小角"（little horn）， 82 因为他试图用武力去同化犹太人。皮洛尼达斯前往叙利亚的宫廷，他试图说服安条克信奉伊壁鸠鲁的哲学理念，安条克当时公开声称自己信奉斯多亚派的学说。他现在被灌输了伊壁鸠鲁的学说。我们得知，当国王读了著作之后，或者说皮洛尼达斯为安条克读了著作之后，其中有不少于150段文章，大事便成了，安条克接受了伊壁鸠鲁的哲学理念。

　　哲学家们之间的争论表明，当时不同流派之间的哲学理念存在着明显的差异，但当我们浏览了他们的大部分留存著作以后，也许会发现最令人惊讶的是所有学派学说的相似程度。支配古代世界的气质和行为（temper and conduct）理念，就人类试图超越纯粹的肉欲和贪婪而言，体现在一种流行哲学中，其中很多思想可能同时来自不同的哲学流派。我们或许可以这样说，哲学家为个人设定的奋斗目标可以用独立（αὐτάρκεια）这个单词来表示，也就是自给自足和独立自主。因此这个时代最可怕的事情无非是在匆忙的动乱中沦落，这种动乱局面永无休止，人类个体就像一根枯枝在激流中无助地旋转，只能向命运（τύχη）屈服，任凭自己的欲望摆布。如果个体所参与的世界运动没有明显的目的，如果没有比个人自身更重要的奋斗目标，为了达成这个目标，他在某种程度上会凭自身的努力慢慢前进——然后对某些人来说，就迟早会出现希望逃离当下的迫切欲望，到动乱之外去找到能让灵魂安宁的可靠立足点。对于某些人来说，外部世界持续的刺激和欢愉可能会让他们保持兴趣，会让他们维持一种陶醉的状态，这种状态不会让那种渴望解放的欲望释放出来。但是对于其他人来说，对自由的迫切需求会产生一种紧迫感，个体是无法抵制这种情绪的。对于处于这种情绪的人们来说，希腊化时代的哲学为他们带来了解脱的途径。他们为什么会卷入到这种动乱中，被那些不受他们控制的力量拖来拖去？答案可以在兴趣的分配中找到。人类个体对任何目标的兴趣都像一根细丝，从他的心中延伸出来，附着在那个物体上，这样一来，如果这个目标是不稳定的和难以捉摸的，他就会不幸地被牵着走。因此获得自由的方式是切断所有方向的附着于多种目标的细丝，停止对所有事物的兴趣——但是关于这一点各个学派存在着分歧。他们一致同意通过缩小兴趣的范围就能找到解脱的途径；但是对于兴趣应该聚焦于哪一个目标，他们没有达成一致的看法。

希腊化时代和罗马世界的大部分流行哲学，无论它们的思想曾经出现在喧嚣的街道中，还是被记录在纸草卷里，都已经永远地从人们的记忆里消失了，但是我们也许可以从泰勒斯的演说词中找到一些相关内容，约翰·斯托拜乌斯（John Stobaeus）为我们保存了泰勒斯演说词的部分摘录。除了这些摘录外，我们几乎对泰勒斯的生平一无所知，根据相关证据，这些内容似乎属于公元前 3 世纪中叶，并且大部分内容源自一位更有才华的作家——波里斯提尼斯的比昂（Bion of Borysthenes），波里斯提尼斯是位于遥远的克里米亚半岛的希腊殖民地。比昂是一位犬儒学派的倡导者，埃拉托斯特尼曾提到他，说他是第一位为哲学披上花哨外衣（ἀνθινά ἐνέδυσεν）的人。他的创作风格很有戏剧性，在讽刺作品中，他经常会用到尖刻而粗俗的口语。泰勒斯同样遵循着犬儒学派的理念——这一学派总是最喜欢否定希腊城邦所共同承认的普世价值观。普通人的生活在很大程度上受到他所迷恋事物的支配，受到各种食物和衣服的支配，受到特定地区的支配——通常是他的家乡，受到特定人物的支配，举例来说，他的孩子和朋友。正是这种迷恋为他的生活带来了无尽的麻烦，让他必须依附于外

84

部的环境，而这种环境他显然是无法控制的。犬儒学派则通过简单地消除对这些事物的兴趣和迷恋，指明了一条独立自主的出路。财产？实际上富人并不使用他们所拥有的大量东西。那他们拥有这些东西究竟有什么益处？他们虽然拥有这么多财产，但从实际意义来讲，就像一位银行家拥有其他人的存款一样（p. 26）。奴隶虽然没有人来服侍他们，但他们依然过得很好；为什么一位自由人要变得那么不独立？相比于富人，很多穷人受到市民更多的尊重，比如说阿里斯提德（p. 36）。

85　　食物？道路上到处都是芳草和泉水。看啊，泰勒斯说道，那些老妇人在用力咀嚼大麦饼的同时，以颤抖的嗓音歌唱着（pp. 4，5）。你可以用一个铜币的价格买到一夸托的羽扇豆（p. 9）。你完全不需要拥有自己的厨房就能做油炸鲱鱼。那些铜匠也肯定会允许你使用他们的火炉（p. 30）。

　　良好的衣物？你不必在冬天寻求厚外套。你只需将你原来的老斗篷折叠起来，这样你就会拥有一件双重厚度的外衣（p. 30）。

　　家乡？那些背井离乡者有什么实质性的损失吗？你也许会说，我在一个陌生的城市被排除在市民团体之外。但是你们自己的家乡有多少人被排除在市民权利之外——妇女和奴隶——他们难道不会对此不满吗？至于流放的不体面性，如果善良正直的你被放逐了，那么蒙受耻辱的是那些放逐你的人，而不是你（pp. 16—17）。

　　公民同胞？在目前的战争中，泰勒斯说道——很可能指的是克瑞莫尼迪恩战争（Chremonidean war，公元前265年—前261年），是富人因为不得不为他人考虑而烦恼；不需要照顾他人而获得了自由的人处于幸福的境地，他们除了自己，不用去顾及任何人（p. 36）。

孩子和朋友们？如果自由人不为自己的死亡而忧虑，那么他又何必关心自己孩子和朋友的生死？"一个人为了朋友之死而哭泣是多么不合理和愚蠢的事情！这只会让他自己也病倒！如果他真的按照这个疯狂世界的价值观去行事，他应该趁他朋友还活着的时候进行哀悼，这才显得更加富有哲理，表明他的朋友总有一天会死去。一个人为了死人的事情而不再关心活人，这显示了一种颠倒的判断，就像斯提勒波（Stilpo）所说的那样。这不是农夫的处事方式。如果一棵树的其中一段树枝枯死了，他不会因此砍掉其他树枝，而是会更加用心地对待他们，这样他们就会代替那已经死去的树枝。因为我的儿子或妻子去世了，这不是我因此忽略自身的理由，我仍然活着，我会继续去管理我的家产。"

我们必须要注意的是，像比昂和泰勒斯这样的犬儒学派人士并没有建议人们放弃财富或欢乐，如果这些事物是自然而来的话。如果你接受了幸运女神赐予你的每一个乐趣，但又不让自己如此依赖于她，以致你要担心她同样也会将一切带走，那么你就能玩好与命运的游戏。泰勒斯对一位富人这样说道："你慷慨大度地施舍给我，而我痛痛快快地取之于你，既不卑躬屈膝，也不唠叨不满。"（p.3）这里有一段布道呈现了犬儒学派代表的生活理论。

"命运就像一位戏剧作家，设计了各种各样的生活——遭受海难的人、穷人、流放者、国王和乞丐。人们要做的就是演好命运所赋予他的角色。你遭遇了海难：那好吧，那就做好遇难者该做的事情。你曾经富有，现在则一无所有，那么履行好穷人的角色。

　　　履行好你的职责，无论它是大是小，

　　　　总之要和家里一样——

满足于你当前的穿着、食物和落在你身上的义务，就像荷马作品中的拉厄耳忒斯（Laertes）一样：

　　　　一位老妇人照看着他，为他准备饮食。

众所周知，最后他在一张树叶铺就的床上睡着了。

　　"这种生活并不缺少欢乐和健康，只要人们的内心不追求奢侈。"

　　　　不要暴饮暴食
　　　　要做到节制。（欧里庇德斯）

　　奢侈并不在于服饰的风格，也不在于床的柔软性。欧里庇德斯颇为高兴地说道：

　　　　为了追求奢侈，我们寻求各种新奇的食物。

不仅仅是食物，还包括但凡能满足我们鼻子的事物，能满足我们耳朵的事物。我们的准则是不奢求什么，除非大环境能让我们轻易获取这些享受。我们应该像那些观测风向和天气的水手那样。顺风而行，如果无风，那我们就停下。或者像那些士兵一样；那些拥有战马的人可以充当骑兵，那些拥有盔甲的人可以充当重装步兵，那些没有盔甲的人则作为轻装步兵，就像这个例子的情况一样，假设敌军的弓箭手让你守不住自己的位置，你就向后撤退。如果你是一位轻装士兵，可以退到重装部队之中，因此如果你受 88 到战争、贫困或疾病的袭击，那么你可以退到偏僻的地方，让你成为自己的仆人，退到穷人的斗篷之下，作为最后一招，完全退出这个世界。"

在琉善的题为《犬儒学派》(*Cynicus*)的短篇对话中，我们看到了为犬儒学派生活方式的辩护，由一位实践者提及。他这样说道："我没有成为一名现代时尚人的欲望，虽然他们认为，相较于他们的祖先，自己在幸福程度上已经取得了极大的进步，他们的饮食方式和穿着打扮发生了变化，磨光了自己的皮肤，剃光了身上的毛发。我的双脚像马蹄，对此我引以为豪。我和狮子一样不需要人造的床。我和狗一样不需要昂贵的食物。我以大地为床，整个世界就是我的家，食物是现成的，能轻而易举地获得。从外表看来我似乎不是好人——不常洗澡、留着长发、披着穷人的斗篷，甚至赤足行走……你嘲笑我的斗篷、长发和我的外表，但正是它们能让我以平和的心态生活着，去做我想做的事情，去陪伴我想陪伴的人。我的外貌吓跑了所有的傻瓜和无知之人；软弱的居民对我敬而远之；但是那些脾气温和之人，那些真正通情达理之人，那些渴望美德之人，他们都在寻求我的友谊。"

就如我们刚才所说，犬儒学派在实践上否定了规范人们生活的普世价值观，这一点比其他学派走得更远。但是众所周知，斯多亚学派从一开始就吸收了大量犬儒学派的思想理念。第欧根尼 89 和赫拉克勒斯以及柏拉图一样，是后来斯多亚哲学家们的典型英雄。因此后来塞内卡和埃克比泰德（Epictetus）的理念与泰勒斯说教中的内容相似，对此我们不必感到惊讶。举例来说，演员必须演好分配给他的角色，这也是埃克比泰德喜欢的内容。

"你难道没有发现，波鲁斯（Polus）扮演的俄狄浦斯王，在声音和形象上比克罗诺斯的乞丐俄狄浦斯缺少气势。波鲁斯是不是对不起上天赋予他的演好任何角色的能力？难道他不应该以奥德修斯为榜样？因为奥德修斯无论是身披破布，还是身穿紫袍，都同样的气势非凡。"（残篇 II，P. E. 马西森译，1916）

对于我们目前的目的来说，还有什么能比犬儒学派和斯多亚学派之间的相似性更值得关注？那就是我们在其他学派的思想中发现了与犬儒学派—斯多亚学派的共同之处，而这些学派的理念在以前被认为是站在明显的对立面上，他们认为首要的善在于欢乐。泰勒斯偶尔也会引用亚里斯提卜的名言来强化自己的说教，亚里斯提卜是昔兰尼学派的创始人。泰勒斯确实代表了一种犬儒思想，这种犬儒思想与亚里斯提卜思想的联系超过了犬儒学派创始人安提斯尼和第欧根尼会认可的程度。泰勒斯反复强调利用一切享乐的机会，这样看来，泰勒斯明显是一位昔兰尼学派的信奉者，而不是犬儒主义者。当他对一位富人说"我痛痛快快地取之于你"时，泰勒斯很好地复活了亚里斯提卜的理念，亚里斯提卜认为应该热情地享用国王和僭主的礼物，完全不必感到羞愧。犬儒主义和昔兰尼主义（Cyrenaicism）的这种混合是可能的，只因为昔兰尼学派的哲学理念中存在着一种禁欲主义元素，它初看之下与享乐哲学格格不入。亚里斯提卜同样想要达到独立自主（αὐτάρκεια）的状态，摆脱反复无常的命运，他认为他已经找到这种独立性，就如泰勒斯那样，当你享受命运的恩赐时，让自己的内心保持超然的状态，这样当命运收回给与你的礼物时，你至少不会遭受被遗弃的命运。可以说，你接受了命运给与你的一切，同时不让自己的内心陷入其中，通过这些，你可以击败命运。昔兰尼学派的解脱方式和其他学派一样，主要在于将兴趣缩小到某个狭小的范围内，切断心灵对这一范围外事物的兴趣。昔兰尼主义者认为，我们真正拥有的东西是当下。如果你能品尝当下提供的各种欢愉，同时不再为过去懊恼或为了未来担忧，你就能达到解脱的目的。这意味着要人们放弃各种兴趣，就这一点而言，昔兰尼主义哲学中包含着禁欲主义元素。亚里斯提卜偶尔也会显示出犬儒学派或斯多亚学派在类似情况下可能表现出的同样的内心超然。这里有一个故事，贺拉斯曾在他的一篇讽刺作品中提及，亚里斯提卜和他的奴隶在非洲沙漠中行进，奴隶们不堪行李的重负，他就命令他们将包中的黄金全部扔了。

91

禁欲元素在伊壁鸠鲁学派中更加明显。刚才当我读到泰勒斯的部分段落时，也许有人会发现，他所描述的处世态度与伊壁鸠鲁学派诗人贺拉斯何其相似，后者在那首著名的诗歌中描述道：

> 幸运女神喜欢残酷之作，（Fortuna，saevo laeta negotio，）
> 她继续着那无情的游戏。（ludum insolentem ludere pertinax，）
> 这善变的女人，改变了她拥抱的对象，（transmutat incertos honores，）
> 刚才还对我亲切异常，转眼就转向他人。（nunc mihi，nunc alii benigna.）
> 她留下来了，那很好，（laudo manentem，cum celeres quatit）
> 但还是请她扇动翅膀离开，我不需要她的施舍。（pinnas，resigno quae dedit et mea）
> 我会用美德将自己包装起来（virtute me involve probamque）

77

并向贫穷女神求爱，虽然她没有嫁妆。（pauperiem sine dote quaero.）

这不是斯多亚主义的作品，也不是伊壁鸠鲁的专属理念，或是任何其他哲学流派的思想；这是古代世界的哲学流派所共有的流行哲学理念。

根据伊壁鸠鲁学派的思想，解脱也需要通过将兴趣削减至较小范围才能达到。这个范围就是快乐，伊壁鸠鲁与昔兰尼学派不同，他不认为自己所拥有的只有当下时刻。因为我们有快乐的记忆，所以我们也拥有过去，伊壁鸠鲁特别强调这一点，在选择快乐的过程中，我们必须去考虑未来，要考虑什么样的快乐最具有持久性。但是伊壁鸠鲁说首要的善就是快乐时，这是一个否定的论断，也是一个肯定的论断；这意味着应该否定和断绝四面八方大量无用的兴趣。科学兴趣，即为了知识去认识世界的真理，这是一种虚荣。伊壁鸠鲁强调，我们的确需要知识，但是不需要太多，只要能消除我们对于世界背后的超自然力量的想象所引发的恐惧，这就够了。关于这个目的，显然有足够多的例子可以说明这一点，举例来说，天气现象是由于各种物理原因产生的，而不是神力带来的影响。但如果要弄明白是哪种自然力量造就了天气现象，这完全是浪费时间，是没有必要的事情。他在写给皮提欧克勒斯（Pythocles）的信中反复强调了这一点。当他解释快乐是什么时，你会发现真正的目的与其说是快乐，不如说是没有痛苦。如果你严格地限制自己的快乐，你就能通过简单的手段获得它，并且在事实上不受命运的支配。你选择了最朴素的食物，你选择了不涉及任何激烈情绪干扰的享受，你划出了这片领域，并且切断了周围相关的兴趣；然后你就安全了。"让我们感谢神圣的大自然，"他这样说道，"她让所有的必需品唾手可得，非必需品则极难获取。"要达到最快乐的生活，大麦面包和坚果就足够了。伊壁鸠鲁说，如果他有大麦面包和水，他所拥有的快乐能与宙斯相媲美。他似乎在每个月的特定日子都要进行定期的斋戒，并建议别人这么做，主要是为了在食物方面获得更多的独立性。[①]

93

伊壁鸠鲁有时也会被描写成享乐者，因为他的同伴里有一些高级妓女（hetairai）。但是在事实上，他看起来相当厌恶肉体之爱的情感，因为它们具有令人不安的特性。[②] 因此，卢克莱修在详述性满足的不适和丑陋时，坦尼森（Tennyson）在描述春药给卢克莱修带来的厌恶和自我憎恨时，似乎与大师的感觉是一致的。

这里显然有禁欲的元素在其中，我们也就能够理解为什么塞内卡作为一名斯多亚学派的哲学家，却不断援引伊壁鸠鲁的学说。

"如果你希望皮提欧克勒斯变得富裕，那就不要赠他钱财，而是要压制和减少他的欲望。"（ *EP.* 21，7.）

"我从来都不想取悦大众，因为我所认可的事物得不到大众的认同，而对于大众认可的事物，我却一无所知。"（ *EP.* 29，10.）

"你应该让自己成为哲学的仆人，这样你就会拥有真正的自由。"（ *EP.* 8，7.）

"在自然法范围内贫穷就是巨大的财富。"（ *EP.* 4，10.）

---

① Sen. *Ep.* 18，6.

② 在他们看来智者陷入爱河是不合适的……爱不是神所送来的事物（ ἐρασθήσεσθαι τον σοφόν ου δοκεῖ αὐτοῖς ... ουδέ θεόπεμπτον είναι τον ἔρωτα, Diog. x. 1 8）。这从来不会对人有益，如果它没有伤害到人，那就是幸运的了（ συνουσιη ὤνησε μέν ουδέποτε, ἀγαπητόν δ᾽ μή ἔβλαψε ）（ Usener, frag. 62 ）。参见 *Senf. Vat.* 51。

"快乐的贫穷是美丽的事物。"（*EP.* 2，6.）

94　　"那些不奢求财富之人才能真正地享受财富。"（*EP.* 14，17.）

"当你不得不身处人群中时，你更应该不与人交往。"（*EP.* 25，6.）

"如果一个人不满足于自己已经拥有的东西，他就会相当痛苦，即使他是整个宇宙的主人。"（*EP.* 9，20.）

"过度的愤怒会导致疯狂。"（*EP.* 6，4.）

"不明智的人生是不愉快的，并且会充满烦恼；并且所有烦恼都会持续到未来。"（*EP.* 15，9.）

"对于智者来说，即使他在法拉里斯的铜牛中被烘烤，仍然会大声喊出：'啊，我正在享受的欢愉啊！所有这些对我来说都不算什么。'"（*EP.* 66，18.）

　　正如我们所见，所有学派的目的在于让人们摆脱命运的控制，他们都宣称只有切断限定范围之外的兴趣，才能获得这种独立性。但是当谈到什么是限定范围时，他们就产生了分歧。显而易见的是，如果你切断所有的兴趣，你就会获得完全的独立；你从此将不会受制于命运。犬儒学派在否定普世价值观上比其他学派走得更远。举例来说，他们根本没有清洁的概念，就连斯多亚学派也没有这样的观念。爱克化泰德特别要求他的学生穿着朴实，同时也要整洁和淡雅。但是，显而易见的是，如果你对清洁有兴趣，

95　　那么你就落入了命运的掌控之中；如果你不在意自己的穿着是干净的还是脏乱的，你就是独立的。众所周知，这种英雄式的美德在基督教修道主义中也得到了体现，他们对穿着的清洁与否漠不关心，这对他们来说是一个显著的特点。奥古斯丁在写给修女们的建议信中提道："不要过于频繁地清洗身体，通常允许的时间间隔为每月一次。"（Lavacrum etiam corporum ususque balnearum non

sit assiduus，sed eo quo solet intervallo temporis tribuatur，hoc est
semel in mense）

圣杰罗姆曾经作为一名隐士隐居在叙利亚荒原，他描述了当时的状况："粗布衣毁了我原本就不好看的身体，我的皮肤因为长期没有得到保护，变得和埃塞俄比亚人一样黑"（Horrebant sacco membra deformia，et squalida cutis situm aethiopicae carnis obduxerat）"我的皮肤覆盖着一层污垢，这让我看起来像黑人。"

基督教在这一点上与犬儒学派的独立理念完全一致。根据吉本的说法，尤利安皇帝作为反基督教的异教斗士，经常开玩笑说自己胡子很浓密。

完全断绝所有兴趣无疑必须包括断绝对整洁干净的兴趣，而完全断绝所有的兴趣毫无疑问会摧毁命运所掌控的所有事物。为什么古代的哲学家不干脆提出这种彻底的方法呢？为什么他们仍然必须留下一些兴趣的空间？原因在于，他们不仅要保证人类个体的独立性，也要为个体保留一些行动的动机，如果没有对事物的兴趣，也就无所谓行动动机。如果人类是一种完全消极被动的存在，或许可以建议消灭一切兴趣。因为人类必须以某种方式 96 行动，所以他们必须给人类留下某种兴趣，这样人类的行动才能得到激发和指导。但是你如何能在赋予人类兴趣的同时，又不牺牲他的独立性，这是晚期希腊哲学家所面临的难题。为了人类的独立性，你可以尽最大能力切断人类与这个世界的关系，但是你又必须将他作为一个行动者带回到这个世界中来。如何做到这一点？伊壁鸠鲁认为，你必须将兴趣的范围空间削减至一些简单的快乐上，这样你就会非常确定自己掌控着一切，无论命运将会发生什么变化。这些兴趣对于智者来说已经足够了，他因此会有足够的行动动机，同时又不会让他处于命运的控制之中。怀疑论者的方法则是要求人们将各种已经确立的社会惯例作为他行动的指南，但要随时提醒自己，自己并不清楚行动目标的对错，以此来抑制自己的兴趣。斯多亚学派的方法是最精妙和最复杂的。兴趣应集中在行为本身，而不是行为的结果上。人们必须在意识上完全满足于自己的行为是正确的，无论他试图去做的事情成功与否。但是因为行为无论如何都是针对外部的事物，这样一来人们仍然需要一定的原则，这样他们才能据此区分行为的对与错。因此斯多亚学者为外部事物设计了一套价值方案——他们使用了价值（ἀξία）这个词，但这个词与兴趣还未完全分离——这一点似乎很难做到，但是对我来说，我曾经在一本书里使用过一个例子，这有助于我们理解他们的思想。如果一名仆人前往地方邮局取一个包裹，那么他的全部行为都将服务于取包裹这个目的，当他到达邮局时，如果发现包裹还没有到站，就会非常失望，但是他显然对这个包裹没有什么兴趣。他将满足于自己对命令的执行。对于斯多亚学者，举例来说，财富也是有价值的东西之一。如果一位斯多亚主义者经营商业，他会以他认为的最有利可图的方式管理自己的产业——当然他们一贯坚持诚信的原则；理性、神和自然——他用这些词指代同一事物——命令他们在某些情况下把获取财富作为行动的目标。但是他对能否成功完全不放在心上。他会尽可能地去发财致富，但是如果由于命运的反复无常，他的商船在伊卡利亚海（Icarian Sea）遭遇猛烈的西南风而沉没，他破产了，他也不会因此而痛苦。

这是所有学派的共同目标：力图在这个繁忙、激动、喧嚣且让人心烦意乱的世界中，去创造真正的智者，一个永恒的、超凡

的平静形象。当他望着你时，目光中充满了温和的、光芒四射的
宁静——即一种超凡脱俗而又奇妙的平静——因为那些驱使你我
的各种兴趣，在他身上并不存在。"不要去惊叹什么，努米库斯，　98
只有这样才能让人快乐并保持快乐。"贺拉斯这样说道。"不要去
惊叹什么"（Nil admirari）——广阔天地里万物不停地运行着，在
这种壮观景象之前，我们要超越恐惧和惊讶的情绪：

> 不要惊讶于太阳和行星的运动，以及不断逝去的时光。
> （hunc solem et Stellas et decedentia certis tempora momentis.）

　　当人们把这种超然作为自己努力追求的理想时，有些人确实
通过自律达到了这种境界，这一点足以给人以深刻的印象。在当
代印度，流行着一种类似于斯多亚主义的理念，很多人看起来已
经获取了神秘的满足和平静，这让欧洲人感到非常困惑。希腊罗
马世界肯定也有相似的人物。琉善虽然会习惯性地嘲笑那些虚伪
的哲学家，但就连他偶尔也会描绘真正智者的形象——尼格里努
斯（Nigrinus）和德莫纳克斯（Demonax）。

　　这种理想的实现，或者说表面上的实现，确实让人印象深刻。
但人们会因此提出质疑，人类精神在其充分发展中能否找到一种
合适的理想？在自由城邦的伟大的激动人心的时代，希腊人的头
脑中曾有一个不同的理想；现代欧洲世界也有一个理想。其实这
种理想所涉及的内容也是一样的，只要实现了，也能让人摆脱命
运的控制，获得独立地位，但是他们并没有要求人们切断对外在
事物的兴趣。相反他们反而倾向于提高和加强这种兴趣。兴趣在
感觉上就是生活，总而言之，斯多亚学派和印度人所谓的那种宁

99　静非常像死亡所带来的宁静。我认为，另外一种理念可以用"事业"（*a cause*）这个词来表示。当然我并不指因果关系中的因，而是人类为此而生存和死亡的事业——比如说民族大业和宗教事业。对我来说，事业这个概念有三种必要元素。（1）这不仅是个体的利益和兴趣，也是个人所在的组织、社会和社区的事业。（2）这意味着一种努力，通过时间的推移，也许是通过无数代人的努力，在外部的现实世界实现共同的理想。这里面包含了一种奋斗的特质，一种战胜一切困难，根据心愿改造世界的决心。（3）通常来说，这意味着一种乐观的希望，相信事业胜利的那一天迟早会到来。当然我们也会经常看到，有些人虽然明白没有成功的希望，仍然英勇地为之奋斗；但是我认为，人们可能会问，是否有人会为他根本没有希望的事业而战？在这种情况下，还是有可能存在着不灭的希望（wild hope），由于某些意外的契机，那种千载难逢的机会，也许也会有成功的那一天，正是这一线希望让人们继续奋斗。

　　古希腊城邦和罗马共和国的公民们并不是在个人的超然中发现快乐，而是在他们社区的事业中找到了欢愉，他们虽然失去了作为个体的自由，但是他们强烈的爱国之情推进了雅典、斯巴达

100　和罗马的权力和荣耀。为什么在希腊化和罗马帝国时期，在自由消失之后，所有的文化活动、经济活动和美德都体现了一种死寂的氛围？如果用一句话来概括其原因，我们也许可以这样说，这是一个没有事业的世界。这个人或那个人所属的社区的共同努力再也不能为世界带来巨大的改变。一个有德之人所能做的就是履行个人的职责，各尽其职，在这样的一个世界里，情况不会有任何好转，也不会有任何变化，直到一场巨大的灾难来打破一切。

我们经常被告知，颓废的希腊罗马世界与当代世界存在着相似之处，其中有——生活的复杂性、渴望轰动以及轻信神秘主义。有时人们甚至推测我们的文明已经进入垂死阶段。但是这种相似性并不应让我们忽视当代世界与希腊罗马时代存在的巨大差别。当代世界存在着各种大量的事业。很少有人能让自己在个人的发展过程中避免热衷于某种事业。有各种各样的民族大业：在英格兰仍然有很多人为国家进行奉献，对他们来说，这种事业有极大的现实意义；他们期望英格兰日益变得强大，或者英联邦在世界上的尊严和权力能进一步提高。对于其他人来说，他们认为建立国际组织以改变国家之间的对立状况是最值得追求的事业，对他们来说，国际联盟或者某种类似于国联的组织是值得他们奋斗的至高无上的事业。有部分人认为，在世界范围内建立更好的政治经济秩序是他们亟须追求的事业——某种形式的社会主义或共产主义。有些人的事业带有明显的宗教性质——他们期待上帝之国的到来。当然我们不能忽略那些杰出的人士，他们认为科学研究是伟大的事业，他们眼看着不同研究领域逐渐取得胜利——今天有些新知识，明天又有些新知识，加到缓慢增长的知识总量中去；如果他们通过自己的努力，在这总量中添加一些实实在在的东西，他们就认为自己的生命很充实。现代人的骨子里都有这种想法，即某种事业会向前发展，我们能为某种事业作出贡献，以至于我们很难想象，这个世界没有了改进和进步的希望会是什么样子。

　　有人会说古代世界的解脱理念是完全个人主义的和自私的，但这不是真实的情况。举例来说，没有人比斯多亚学派更强调人类个体与宇宙的休戚与共，特别是与其他理性存在的联系。爱克比泰德、塞内卡和马可·奥勒留等人认为帮助自己的同胞是义不

容辞的责任；没有人是完全为自己而活的。这一点与我所描述的
"事业"非常接近，而且的确包含了事业的其中一个元素，即个人
认识到自己属于一个更大的团体，他必须以这个团体的利益为己
任。但是在我看来，这其中还缺少事业的另一个元素——通过集
体的通力合作以实现特定的目的的概念。根据斯多亚学派的思想，
在这个亘古不变的世界里，善者只需高尚地扮演自己的角色。这
是马可·奥勒留平静而悲伤的注解。短语"扮演自己的角色"，正
如我们所看到的那样，展现了希腊化时代的实践哲学习惯性使用
的形象——一部戏剧中演员的角色。这一点有重大意义。演员与士
兵不同，他并不是要去解决未决问题，他不参与任何为事业奋斗的
努力过程，他只是在完成分配给他的任务，无论完成得好与坏。

　　我也许要解释一下刚才提及的献身于某一事业意味着什么，它
虽然让人对外部事务产生兴趣，但是却使人独立于命运的控制。很
明显，就像人类个体的成功一样，一个事业的前进和倒退取决于很
多外部的意外；人们全心投入所追求的事业有时会受挫，并最终失
败。但是关键在于：因为事业中体现的兴趣是社区团体的兴趣，又
因为一个社区的生活已经超越了个体的生命而延伸到未知的未来，
个体所关心的事业的挫折不会动摇他最终获取胜利的决心。他的希
望也许最后只是一个幻想，但是很难向他证明这只是一个幻想。虽
然命运对他有着极大的敌意，但他可能仍然充满信心；他也许会在
奋斗过程中倒下，最后快乐死去，因为就像心理学家所说的那样，
他的兴趣不再以自我为中心，而是转移到了所爱团体的存在上。如
果英格兰仍然存在，那么谁会真正死去？在压倒性的事实面前，一
些事业的生命力是令人震惊的。有人会说，一些事业完全或永远
地失败了，400 年前蒙特祖玛（Montezuma）领导的墨西哥人反抗

102

103

西班牙人的运动就是如此。但是不久之前有一个非常了解墨西哥土著的人告诉我，他们发现新墨西哥的土著人仍然有一个秘密的传统，当地人有一种不可征服的信念，认为蒙特祖玛并没有死去，迟早会有一天会归来将那些白人驱逐出去，光复土著人的世界。在一些村庄里存在着一种传统，在日出之前，他们会爬上附近的山丘，然后独自观看日出，因为任何新的一天都有可能是蒙特祖玛归来的时刻。在伟大事业中迷失自己的人们，如果不能避免命运带来的伤害，他们至少不会被彻底打垮。

在希腊罗马世界死气沉沉的氛围中，基督教应运而生。人们经常会问这个问题，基督教究竟为这个它还未赢得的世界带来了什么？从很大程度上来说，基督教的伦理观念和希腊化时期伦理学者的思想是一致的。有时有人宣称，神学信仰和教会的宗教礼仪在希腊化时代都能找到自己的对应物。人们也许会问，基督教有什么独特之处吗？这一问题有很多答案，但是我认为有一个简短的答案比较恰当。这就是事业。这就是它为什么像一股新风一样吹进了令人窒息的氛围中。进入这个社区的人们会感觉自己进入了一条超越个体生命的溪流，随着时间的推移，朝着一个伟大的胜利前进。这种社区的生活是坚不可摧的；其中体现的意志是上帝的意志，所有的外部事物最终都将由它来塑造和控制；人们可以成为上帝的同伴，共同走向伟大的结局；他们可能为了这种事业而献出自己的生命。①

104

---

① 我认为，在4世纪希腊宗教与基督教进行最后无望的斗争时，如果不承认维持希腊宗教本身具有一种事业的性质，那就大错特错了。人们经常认为，尤利安复兴异教的过程中，借鉴了基督教会组织的一些特点。但是当时希腊文化和基督教的同化过程中，远不只借鉴这个或那个特点。在成为一个事业的过程中，希腊文化在信徒们的内心里激起了一种新的情感。

　　基督教的这种独特性无疑要归因于它的犹太教起源，这有别于它所吸收的那些希腊化元素。这延续着古代以色列人的希望——一个共同的希望，期待以色列人的上帝降临世间。[①] 基督

105　教从本质上来讲始终是希伯来的。我们今天听到了大量关于圣保罗和希腊神秘宗教的说法。明显的相似之处已经被指出：在古希腊的神秘教派中，人们通过某种入会似乎接受了一种全新的超自然生活，并且有神秘的入会仪式，这一点与洗礼和圣餐类似。有些人因此倾向于根据圣保罗给出的基督教形式，简单地将基督教看作其他宗教之外的又一神秘宗教。但这样做忽视了基督教的本质——这种本质使它成为一种事业。在希腊化时代的神秘宗教中，那些入教者仅仅是在个体上脱离了低级领域，而进入了高级领域；据我所知，这样的社区团体在现实世界中没有共同的目的。而那些加入基督教社区的人们则拥有了更具活力的生活，他们朝着一个明确的目标前进，也就是未来的一个神圣事件。即使后来基督教借用希腊模子来铸造自己的教义，这一点对基督教来说仍然至关重要：我们不应该受到希腊模式和表达方式的误导而忽视了基

106　督教中的希伯来内核——他们的核心思想在于，神圣的犹太社区呼吁人们一代又一代地进行劳作和战斗，朝着一个共同的目标前进，即使这个目标的实现被延迟了，但仍然是确定无疑的事情。

---

① 如果有人想要全面叙述基督教的时间进程观，他无疑必须承认琐罗亚斯德教（Zoroastrianism）的影响。该宗教由波斯人琐罗亚斯德（Zoroaster）所创，从本质上讲具有事业的特征，强调信徒们要与善神一起与恶神作斗争，并保证善会在全宇宙范围内获得最终的胜利。犹太教的《启示录》阶段很可能受到了琐罗亚斯德教的重要影响，而基督教在借鉴犹太教的过程中间接地借鉴了波斯和以色列的灵感。因为密特拉教也有琐罗亚斯德教的根基在里面，后来成为了基督教的竞争对手，它有一个特质使它被认定是一种事业。相较于希腊的神秘宗教，密特拉教似乎有更高的道德水平。

圣奥古斯丁在他《上帝之城》的思想中将这一点置于最重要的地位，他认为，纵观人类历史，从人类的诞生开始，人类社会在每一个时代都要经历不同的苦难，但是他们一直为了一个伟大的事业而斗争，这个事业最终会得到实现。

在当代社会，就像我在上面所说的那样，我们拥有大量的能让我们为之奉献的事业，也许很难理解，对于那些认为世界的运动是没有结果的动荡的人来说，旧哲学的教导意味着什么。今天我们可能会质疑对进步的信仰，认为这是抽象的命题，但是它在我们的思想中是如此地根深蒂固，以至于我们很难摆脱它。在某些方面，进步的现实离我们太近，并且过于明显了——科学在近代带来的惊人进步仍然在继续着，生活水平提高了，对于那些我们文明中的体力劳动者来说，至少在物质舒适方面是如此，人类交流越来越方便，使全球的一体化达到了前所未有的程度。但是假设，如果我们在西方世界失去了这种进步的保证，尽管它的确是最近才出现的，假设我们对未来的糟糕生活彻底失望，开始质疑我们为之奋斗的民族事业，怀疑国际协调的可行性，怀疑除去弊端进而建立社会新秩序的可行性，怀疑科学进步的持续性，或者如果这些都得以继续前进，人类的幸福指数不断增长，但同时人们要失去造就了基督教的超自然希望，就像乔治·泰利尔（George Tyrrell）在他最新的感伤之作中所说的那样，如果一种悲观主义情绪在地球上蔓延，人们不再对任何事物抱有乐观情绪，假设这种情况确实发生了，然后我就会设想，最优秀的人就会再一次感到在这个世界中没有他们值得奋斗的东西，他们只能去实现个人生活中的尊严理想——去圆满地扮演自身的角色。对他们来说，泰勒斯在演讲中提及的典故说得正对，西塞罗、塞内卡

107

和其他哲学家在之后也都重复了这一典故："这是船长的好姿态：
'波塞冬，你也许能让她沉没，但是她沉没也是忠于自己的路线。'
因此一位优秀的人也许会这样对命运说：'但你会发现这是一个男
人，不是一个逃避者，不是一位懦夫。'"

καλώς το του κυβερνήτου εκείνου " άλλ ' ούν γε ώ

Πόσειδον ορθήν . " ούτω και ανήρ αγαθός είποι προς την

τύχην " αλλ ' ουν γε άνδρα， και ου βλάκα (p. 48)．

文中列举的泰勒斯著作引自奥托·汉森（Otto Hense）版本的
泰勒斯残篇（第一版，1889 年）

公元前 3 世纪的社会问题 ①

W. W. 塔恩（W. W. Tarn）

摘要：这篇文章聚焦于希腊化时期的社会经济冲突和社会革命，塔恩将时间范围限定在公元前 3 世纪，首先以当时的借贷利率和工资水平作为切入点，介绍了希腊化时期的社会经济背景和民众生存状况，然后详细分析了发生在斯巴达的典型社会革命（阿基斯、克列欧美涅斯和纳比斯的政策，其中包括重新分配土地、取消债务和没收富人财产），并指出由于领导者的野心和外部敌人的干预，导致了社会革命的最终失败。

关键词：希腊化时期、公元前 3 世纪、社会革命、社会条件

今天下午我要谈论一下亚历山大大帝之后一个世纪诸多社会问题的其中一方面，即引发社会革命的各种条件。我会从一个抵押契据中的特别条款着手，而这似乎只有放在当时社会背景下才

---

① 在这里我要向格洛茨（Glotz）教授致谢，他于 1913 年在《学者杂志》（*journal des savants*）上发表的关于提洛岛物价和工资的文章对于本文部分内容的撰写裨益甚大。

能得到合理的解释；我们必须明白这个社会背景是什么，这通常意味着富裕和贫穷，同时也要考虑到亚历山大大帝之后这一代严重的经济失衡，以及它如何通过物价和工资影响当时的劳工阶层。多亏了提洛岛（Delos）上的神庙账目，我们现在有了一些明确的资料以继续研究，虽然到目前为止只有公元前314—公元前250年这段时期的账目得到了完整的出版；我们可以将它们与公元前4世纪的不同账目进行比较，特别是公元前329年厄琉西斯（Eleusis）的那些账目。我们会看到当时的贫富差距越来越大，公元前3世纪灿烂文明的表层下面隐藏着对社会革命的恐惧。最后我会从社会的角度讲述发生在斯巴达的革命，这次革命是对社会革命的最好阐述。

109　　问题中的抵押契据要追溯到公元前3世纪早期，当时很多岛屿通过借贷的方式来向德米特里支付税收。纳克索斯岛（Naxos）的帕拉克斯科勒斯（Praxicles）以10%的利息向阿莫戈斯岛（Amorgos）上的阿克兴城（Arcesine）提供了3塔兰特的贷款，阿克兴则将所有的城市财产、所有的公民财产和外邦人财产作为抵押，这些财产当时都在阿莫戈斯岛或者海外地区，并且阿克兴不能通过法律或其他手段来撤销以上的抵押。其他条款现在还不用提及。对这次行为的通常解释是，该海岛非常贫穷（我们将会看到事实并非如此），而阿克兴会同意这样的条件也说明该城市的信用极差。很遗憾的是，阿克兴的信用非常好，这可以从另外一笔贷款的利息看出。在公元前4世纪，与商业贷款不同，关于抵押和贷款的通常利率是12%，除了提洛岛神庙的贷款利率自始至终维持在10%。但是12%的利率是几乎不能盈利的低利借款，我们最后一次看到这样的利率是在公元前300年的提欧斯

（Teos），以及不久之后的阿克兴。帕拉克斯科勒斯的贷款似乎是在提洛岛之外第一次出现了 10% 的利率，而这在后来成为了公元前 3 世纪的通常利率，在伊利昂（Ilium）、奥洛波斯（Oropus）和佩里亚（Peraea）都发现了类似的证据。但是后来阿克兴以 $8\frac{1}{6}$% 的利率借了第三笔贷款，这在将近一个世纪的时间里一直是已知的最低商业利率；目前已知的最低利率是公元前 282 年贷给米利都（Miletus）的 6%，这在当时似乎更多的是一种恩惠，其中已经涉及了政治因素。这次利率为 $8\frac{1}{6}$% 的贷款显示阿克兴是一个相当繁荣的城市；我们必须注意到另外一点，阿克兴不用依靠授予荣誉头衔的手段来吸引贷款人，而这在公元前 2 世纪是很多城市的做法。

尽管如此，阿克兴却为帕拉克斯科勒斯提供的区区 3 塔兰特贷款作出了如此巨大的抵押保证，这不显得荒谬吗？一个城市在这种情况下一般会将某些土地或收入作为抵押，举例来说，提洛岛就曾将进出口关税收入的 2% 作为抵押；但是有时也会出现一些极端的抵押情况，公元前 4 世纪的兰普萨库斯（Lampsacus）就曾经将自己的卫城作为抵押，因此一个小城市抵押全部的城市财产也并不是什么稀奇的事情，这意味着他们肯定会偿还借款。同样的，将所有公民的财产作为抵押只是城市财产抵押的一个扩展，尽管这个扩展的程度较大，已经超出了惯例，一般惯例通常只是将某些公民的财产作为借贷的担保；公元前 282 年，米利都就是将不少于 75 名公民的财产作为了贷款的抵押。但是这其中最独特的是阿克兴将外邦人的财产也作为了抵押；我们在公元前 3 世纪发现了一二例相似的例子，证明这种行为并非罕见。外邦人在当

110

时仍然受到歧视，就像泰勒斯（Teles）为我们展示的那样，而赫拉克利特（Heraclides）坦白地承认他们在雅典的地位和奴隶没什么差别；提洛岛的木材和木炭法（wood and charcoal law）很快就会重新恢复允许债权人让外邦人沦为债务奴隶的旧习俗。但是就算如此，帕拉克斯科勒斯的抵押品早已足够了，为什么还要加入外邦人的财产？其中的答案能够在海外财产的成分中找到，在这里海外财产意味着船只和上面的货物，因为阿克兴没有自己的海外财产。而外邦人通常是商人和船只的所有者；阿克兴将外邦人和自己公民的财产一同抵押给帕拉克斯科勒斯，这意味着帕拉克斯科勒斯可以控制阿克兴居民的任何船只，而不必在意船只所有者的身份。如果他一直坚持自己的这种权利，他肯定已经考虑到他的抵押品可能变得毫无价值；而能让这些抵押变得毫无价值的就只可能是一场革命和取消债务。在那种情况下，他肯定无法从城市中获取任何好处；但是他仍然可以得到商船以及上面的货物，确实发生过相似的例子，其中的承押人因此劫持了一些船只。这也是他加入附加条款的原因，他禁止城市通过法律撤销抵押品。当然这个条款无法得到强制执行；因为一个城市可以通过任何他们乐意通过的法律，以弗所就发生过一起著名的案例，当时以弗所的土地抵押变得日益沉重，政府因此组建了一个公众安全委员会，迫使所有的承押人接受了只能得到部分付款的事实。但是这个条款意味着，如果一个革命政府撤销了阿克兴对帕拉克斯科勒斯的抵押，而帕拉克斯科勒斯因此劫持了一艘商船，事情的进展就会诉诸谈判和仲裁，他因此可以公正地宣称这一切都在他的合法权益之内。我在这里要额外提到一点，如果阿克兴打算偿还贷款，所有这一切丝毫不会损害城市的利益。以前通常的观点认为阿克兴的信用状况非常糟糕，或者她完全可以从提洛岛的神庙那里借到这笔款项，而且只需要同意相对简单的条件。但这一切并不是取决于阿克兴自身的信用情况，而是取决于神庙本身。当时的神庙只有八九塔兰特的流动资金可供借贷；提洛岛上的城市首先需要这笔金钱，而一笔大规模的贷款则会耗尽神庙的余款，比如神庙在公元前 274 年就曾贷给赫耳弥俄涅（Hermione）5 塔兰特；因此阿波罗能否借给你 3 塔兰特，这在任何时候都要靠运气。除此之外，如果你选择向私人借钱，你可以选择拖延还款——这存在着很多特殊的案例；但是阿波罗神庙可以求助于他的宗主国，你可能得到宗主国舰队的拜访，这确实发生过。

112

为什么身处繁荣时期的帕拉克斯科勒斯会对革命产生恐惧，对于大部分地区的上层阶级来说，亚历山大大帝之后的那个世纪是一个繁荣的时代；波利比乌斯（Polybius）对希腊城邦发出哀叹的时期还没到来。我想现在几乎不需要对这种繁荣做出详述。这段时期出现了大量的新节日，专业演员和运动员的数量也得到了大幅增长；而且公元前 300 年左右，各种新社团的数量出现了爆炸性的增长，特别是社交俱乐部（*eranoi*），在其中会员的捐款起着重要的作用；餐桌上的珍味也呈增长趋势；其中最重要的是商业的扩展，对此我要作一个简单的说明：公元前 400 年雅典进出口关税税率为 2%，年收入 20 万德拉克马；后来罗德岛取代了雅典的商业地位，年收入在公元前 170 年达到了 100 万德拉克马。但是现在我们讨论的是岛屿，我会给出能反映岛屿繁荣状态的明确数据，因此提及罗德岛和提洛岛是理所当然的。公元前 3 世纪商业借贷利率低于 10% 的情况只在岛屿中出现过；阿克兴 $8\frac{1}{6}$% 的利率以及这个世纪末锡拉岛（Thera）7% 的利率。这意味着当时的资本是廉价的。我们拥有当时米科诺斯岛（Mykonos）的一份嫁妆登记清单，上面有 8 个名单。最高的两份嫁妆达到了 14000 和 10000 德拉克马，其平均价值达到了 2 塔兰特。据我们所知，在公元前 4 世纪的雅典，嫁妆价值达到 2 塔兰特的情况也只出现过一次，1 塔兰特的情况则为 2 到 3 次。另一方面，根据已经出版的铭文集中的雅典嫁妆列表，时间为从公元前 4 世纪到前 2 世纪，上面总共有 11 个名单；这些雅典嫁妆的平均价值为 2840 德拉克马，而米科诺斯岛则为 4450 德拉克马。我们还有一份公元前 3 世纪泰诺斯岛（Tenos）的不动产出售登记清单，上面的条目甚多，这反映了当时岛上日益繁荣的商业活动，并且已经出现了土地交易市场。在一些例子中，卖家允许买家用抵押的手段偿付全部货款；这确实反映了人们对岛上不动产的前景充满信心，虽然有些过分乐观了。大约在公元前 200 年左右，科斯岛（Cos）为了组建舰队而筹集了一笔捐款。现存的资料显示共收到了 220 笔捐赠；这其中包括一笔 7000 德拉克马，一笔 4000 德拉克马，7 笔 3000 德拉克马以及 22 笔 1000 德拉克马的捐赠。这次捐款的数量要高于我们之前遇到的任何情况，除了德摩斯梯尼（Demosthenes）的雅典。这次捐献中最大的一笔在数量上相当于公元前 4 世纪斯巴达捐献给德尔菲的那笔款项，而当时的斯巴达是全希腊最富裕的城邦。公元前 3 世纪科斯岛送到德尔菲的宗教大使（religious embassies）数量庞大，这也在一定程度上证实了该岛屿当时的繁荣状况，其中一次由创作第六和第七牧歌的阿拉托斯（Aratus）领导，他的身份现在已经在铭文中得到了确认，他也是忒俄克里托斯（Theocritus）的朋友。另外还有来自社团的证据。在锡拉岛的爱

比克泰德（Epicteta）社团，违反会规的会员要被罚款150—500
德拉克马，而当时雅典社团的最高罚金是50德拉克马；另外在公
元前3世纪，科斯和锡拉等岛屿上的俱乐部在纪念会员的过程中
开启了用金冠代替绿叶的先例。在这里我要提一下两个岛屿的例
子，锡拉岛和锡弗诺斯岛（Siphnos）分别将价值2000德拉克马
的金冠献给埃及官员，以表示敬重，这在当时是一笔巨大的支出；
而在雅典则从未出现超过1000德拉克马的例子。这些项目上的支
出确实反映了当时的上层阶级处于异常繁荣兴旺的境况。很多岛
屿通过借款来支付德米特里的税收，这一点没有什么异议。一方
面，这些岛屿在第二雅典同盟（second Athenian confederacy）时
期向外借了大笔款项；另一方面，借款不是一个城市贫穷的标志，
举例来说——现代的伦敦。可以确定的是，公元前3世纪的一些
希腊城邦确实已经懂得了进行系统借贷（systematic borrowing）；
举例来说，提洛岛就定期地受到神庙的资助，就像现代商业中银
行家的支持一样；城市经常向神庙借款和还款，有时偿还的速度
非常快；比如公元前282年，城市借款25000德拉克马，并在同
一年就偿还了20000德拉克马。希腊的城邦一般没有财政预算，
同样也没有储备金；城邦一般仅仅会利用某些收入的款项来支付
城市的支出费用；如果产生了新的费用，比如说战争费用，城邦
就必须征收特别税或者通过民众捐款的形式来筹集，而这都是比
较耗时的方法；而通过借款的方式筹集则要方便许多，而且可以
慢慢地偿还，这也是大多数城市借款的出发点。这里做一下简单
的说明，公元前180年，提洛岛在神庙中有一笔巨额存款，但是 115
城市却仍然从神庙中借了一笔100德拉克马的款项，用来支付一
项金冠的费用；其中的原因在于神庙中的存款一直被用来支付城

市的谷物供给。

公元前 3 世纪对于上层阶级来说是一个异常繁荣的时期，这可以从这个时期的灿烂文化中一见端倪。但是当我们转向下层阶级时，我们会看到情况恰好相反，他们的处境比以前更加糟糕；总的说来，物价上升了，收入却下降了。我们要看的第一件事是亚历山大大帝对波斯帝国财富的释放造成的经济失衡。这次失衡紧跟之前的物价上涨，而物价上涨发生于两代人之前，起因为雅典和德尔菲等地区神庙的世俗化进程。在这里我要提醒读者波斯帝国的财富在当时意味着什么。在伯罗奔尼撒战争初期雅典拥有 6000 塔兰特的财产。而在神圣战争之前，德尔菲的阿波罗神庙大约价值 10000 塔兰特。而亚历山大大帝则为 180000 塔兰特的铸币做了担保，也许还包括同等数量的金银块或金银条。因此自然地，当时希腊的经济失衡非常严重。这一点必须通过价格曲线来显示。但是很遗憾，一方面小麦的价格曲线还不够完整，另一方面，沥青的价格曲线又无法达到我的目的；因为沥青在当时是一种专卖商品，政治因素对其价格影响很大。因此在这里我采用了两种较新且没有异议的曲线：其一是一名重装步兵的工资——是公民兵，而不是雇佣军，另外一个是德尔菲神庙土地的地租。在伯罗奔尼撒战争期间，一名在雅典的重装步兵每天能够得到 1 德拉克马的薪酬，但是在伯罗奔尼撒得到的薪酬不会超过 4 奥波尔（obols），奥波尔是雅典的货币单位（这其中已经包括了津贴，薪酬和津贴通常不作什么区分）。在亚历山大大帝统治的初期，科林斯同盟的重装步兵每天大概能赚得 1 德拉克马的薪酬，当时亚历山大大帝最好的重装步兵——持盾步兵（hypaspists）也能得到相同数量的报酬；总之，他们无法获取更多的报酬。但是在公元前 303

年，德米特里重组了科林斯同盟，同盟重装步兵的薪酬因此加倍
了，现在他们每天能够得到 2 德拉克马。在公元前 272 年埃托利
亚（Aetolia）和阿卡纳尼亚（Acarnania）的协议中，重装步兵
能获得 2 德拉克马的报酬，但是这里的货币单位是科林斯德拉克
马，2 个科林斯德拉克马相当于 8 个雅典奥波尔；不久之后，公
元前 229 年，安提柯三世（Antigonus Doson）也向重装步兵支付
了同样的薪酬；大约到了公元前 200 年左右，罗德岛重装步兵的
薪酬为 9 个罗德岛奥波尔，相当于 8 个雅典奥波尔。可见从公元
前 335 年到公元前 303 年，重装步兵的薪酬增加了一倍，而到了
公元前 3 世纪，薪酬再次回落，但仍然比原先的老标准高了 33%。
然后是土地的地租。我这里选择的是神庙一直持有的 15 块土地，
略去了那些在公元前 3 世纪初期购买的土地。15 块土地的地租以
德拉克马为单位进行统计，并且略去了百位以下的数字。在公元
前 434 年，总地租大约为 7500—7600 德拉克马。公元前 377—
374 年这 4 年为 7800 德拉克马。公元前 314 年，也就是德尔菲赢
得自由后的第一年，地租得到了大幅度提升，达到了 11500 德拉
克马。公元前 305 年，这个数字是 14300 德拉克马；公元前 300
年则为 16200 德拉克马，达到了最高点。公元前 290 年只有 9600
德拉克马，这个夸张的跌幅部分必须归因于外部因素，也许受到
当时伊特鲁里亚海盗威胁的影响；到了公元前 280 年，数字恢复
到了 10300，前 270 年为 11300，这里我们再次回到了正确的曲线
上。公元前 260 年则再次跌到了 8800，这可能反映了当时货币经
历了一次升值。公元前 250 年又恢复到了 9300；到公元前 220 年
跌到了 6100，公元前 179 年更是跌到了 5900。从上可见，公元前
300 年的租金是亚历山大大帝之前最高租金的两倍。综合考虑来

117

看，这两条曲线证明我们的猜测是正确的，即货币的价值在公元前300年左右处于最低点，因此地租价格是最高的，当时的德拉克马还达不到其原来价值的50%，即相当于3个奥波尔。有一个事实可以证明这一点，在公元前304年德米特里的罗德岛之围中，战俘的赎身价为1000德拉克马，而神圣战争中的赎身价为300到500德拉克马。曲线的顶峰不可能早于公元前300年很多；因为提洛岛规范土地出租的法律大概在公元前301年或前302年得到通过，承租人只要在第二个租期内多支付10%的租金，就可以继续使用土地，而不用再去卖场竞价购买；这意味着当时货币经历了一定程度的贬值。

现在我要涉及主要问题了，这些是如何影响当时的劳工阶层的？我们必须将注意力转向提洛岛。首先是他们的支出——包括食物、服装、房屋和燃料的价格。这里要将燃料排除出去，因为在公元前258年以前，提洛岛的木材价格一直很稳定，这和公元前329年厄琉西斯岛上的价格一样，虽然的确存在着一次暂时的跌幅。服装在价格上的变化非常小，虽然因为缺乏相关资料而无法提出确切的论点，但是粮食和房屋的价格涨幅很大。首先谈论一下食物；对于工人来说最重要的食物是谷物。在提洛岛，大麦价格通常是小麦价格的一半，当以实物支付工资时，一名工人能得到适当的小麦或者两倍数量的大麦，因此这里我只统计小麦的价格。德摩斯梯尼曾经提到，在公元前329年的饥荒之前，雅典1蒲式耳（bushel）的小麦价格通常为5德拉克马，这可以作为一条基础线；而雅典和提洛岛都是通过海运的手段进口小麦。如果采用平均值，公元前282年提洛岛的小麦价格为每蒲式耳7德拉克马3奥波尔（已经接近10德拉克马）；在公元前258年是6德拉克马 4 奥波尔，公元前 250 年是 5 德拉克马 4 奥波尔。我们没有公元前 300 年左右的相关数据；但是土地租金肯定与当时的小麦价格存在一定联系，因此如果看一下当时的价格曲线，我们可以确定公元前 300 年小麦的平均价格为 10 德拉克马；而且当时兰普萨库斯的大麦价格很可能是 6 德拉克马，这意味着小麦价格为 10 到 12 德拉克马。但是我们看到，到了公元前 250 年，小麦的价格并没有像地租那样恢复到基础价格。而且事实上，在半个世纪以后，萨摩斯岛（Samos）小麦的官方价格为 5 德拉克马 2 奥波尔，仍然超过了基础线。劳工阶层不仅要受苦于小麦的价格，橄榄油的价格使他们的处境更加恶化，橄榄油是穷人的少数必需品之一，就像米南德所说的那样，他们没有其他食用油可供选择。在公元前 4 世纪早期，橄榄油的价格是每美特列铁司（metretes）12 德拉克马。而在公元前 305 年的提洛岛，价格是 42 德拉克马；公元前 302 年是 45 德拉克马。公元前 281 年回落到 35 德拉克马，公元前 269 到前 250 年这段时间内，价格则在 20 到 16 德拉克马之间浮动；可见油价和小麦的价格一样并没有恢复到基线上的老价格。普通酒类的价格也是这样；德摩斯梯尼给出了每美特列铁司 4 德拉克马的标准价，而在提洛岛，这个价格在 10 到 11$\frac{1}{2}$之间浮动。房价比食物的价格更加糟糕（公元前 275 年之后，提洛岛上的劳动人口急剧增长；所以我假定，如果上层住房升值了，那穷人住房的价格也一定上升了）。我这里采用的是神庙房屋中单栋房子的平均租金（不同租金的数额差异较大，因此总租金数在这里没有什么作用）。在公元前 4 世纪，房屋的平均租金大概接近每年 10 德拉克马，而且肯定不会超过 20 德拉克马。比

119

较遗憾的是我们没有公元前 300 年的明确数据；但是公元前 282 年的平均年租金是 38 德拉克马，至少是原来的两倍。公元前 279 年则是 61 德拉克马，并且在公元前 250 年稳步升到了 73 德拉克马，相当于亚历山大大帝之前租金的 4 至 5 倍。房屋的租金其实已经违背了一般的价格曲线，它随着货币的升值而升值，因为当时有大量人口涌入提洛岛。公元前 246 年提洛岛发生了一次房荒，租金跳到了 125 德拉克马的高度；公元前 219 年再次回落到 73 德拉克马，然后到了公元前 2 世纪初又恢复到 100 以上。问题在于，如果来到提洛岛工作的工人能够负担得起房租，那么他们来源地区的一般条件会达到什么程度。

现在我们要涉及重要的工资问题。食物价格和房价在公元前 3 世纪上半叶涨幅非常大，那么工作也应该得到大幅度的增长。亚历山大大帝之前的时代就是如此。小麦的价格从苏格拉底时期的每蒲式耳 3 德拉克马涨到了德摩斯梯尼时期的 5 德拉克马；但是工资的增长幅度更大；在公元前 5 世纪末，一名熟练工匠在雅典每天能赚得 1 德拉克马，而到了公元前 339 年的德尔菲，以雅典货币计算，他每天能收获 $8\frac{1}{2}$ 奥波尔，在公元 329 年的厄琉西斯，他通常能得到 $2\frac{1}{2}$ 德拉克马——相当于 15 奥波尔。但是在亚历山大大帝之后，考虑到物价上涨因素后，德尔菲的工资在事实上反而下降了。在这里我们需要一条基础线作为比较的基础，而最低限度生活费（bare subsistence）可以作为这条基础线，幸运的是这最低限度生活费不存在疑问，即成年男子 1 天需 1 奥波尔，1 年需要 120 德拉克马的生活费。这个是奴隶的生活标准，也是贫困标准——米南德让一位青年将它命名为饥饿等级；也是雅典在

120

公元前 4 世纪晚期和公元前 3 世纪支付给因伤残而不能工作者的生活费，提洛岛则将这笔钱给予那些神庙奴隶和长笛吹奏者，而德摩斯梯尼则打算将这笔钱给予那些放弃薪酬的雅典军队中的爱国者。一位男性每天需要 1 扣尼克斯（choenix）的小麦，一年总共为 $7\frac{1}{2}$ 蒲式耳；我们从提洛岛的神庙账目中得知，一位工人的索帕松（sopson），也就是除了面包之外的食物——他的面包消费折算为等量价值的货币，根据基本价为 5 德拉克马的小麦进行计算，一个男性花在食物上的钱为每年 75 德拉克马。我们根据厄琉西斯和提洛岛上的账目计算出，在衣物上的花费为每年 15 德拉克马，如果一套衣物可以穿 3 年，而且他没有可供替换的其他衣物，那么 120 德拉克马中还剩下 30 可用于住房、燃料和其他支出；这意味着每天 2 奥波尔只能维持最基本的生存状态。对于一个家庭来说，妻子再加上 2 个孩子，这样最低限度生活费就会达到原来的 3 倍，每天需要 1 德拉克马，1 年则要 360 德拉克马；这里我要引用一份公元前 280 年伊利昂（Ilium）的法律，一个奴隶，如果他成功杀死了城市的僭主，那么他终其一生每天都能获得 1 德拉克马，以后他就不必再为家庭的生计而工作劳累。因此相关标准是——一名男性每天需要 2 奥波尔，一个家庭每天需要 1 德拉克马的生活费——这是我们从提洛岛上了解的情况。

首先是熟练工匠的日工资。在公元 329 年的厄琉西斯，他们每天能赚得 $2\frac{1}{2}$ 德拉克马。而在提洛岛，他们实际上每天能收获 2 个德拉克马的报酬。这其中的下降幅度相当大，虽然从表面上看来，2 德拉克马似乎够了。而现实则完全不同，2 德拉克马是工匠受雇时的报酬，而这种雇佣是非固定性的工作〔毫无疑问，雅典的情况也是这样；在一份破碎的伊瑞克提翁神殿（Erechtheum）账目中，一些被列出姓名的工匠似乎只在30天的部团期（prytany）中工作几天］。我在这里列举几个提洛岛的工匠。公元前302年，一个名为奥林帕斯（Olympos）的工人获得了比其他人更多的工作机会，但他那年的收入还是没能超过200德拉克马，我们暂且将他的收入定为宽裕的240德拉克马，也就是每天4奥波尔，小麦价格按照5德拉克马计算，他一年的收入还不足以养活一家人，而当时小麦的价格更是接近10德拉克马。公元前279年这一年，我们拥有完整的数据；我列出了当时最知名工匠的收入。木匠狄奥德摩斯（Theodemos）这一年的收入为106德拉克马，还不足以养活自己。来自锡罗斯岛的泥瓦匠尼科（Nicon）赚了187德拉克马；他也许能勉强维持自己和妻子的生存。铁匠德克斯欧斯（Dexios）则只有 $54\frac{1}{2}$ 德拉克马的收入。铁匠也许还能从农场中获得工作机会；但是其他工匠在神庙之外获得工作机会的可能性非常小。现在到了真正的重点——他们能否获得其他工作？——根据巴黎格洛茨教授的论点，我列出了证据证明他们是无法得到其他工作机会的。公元前282年，神庙雇用了两名熟练工匠莱普廷斯（Leptines）和巴克希欧斯（Bacchios），并且是按年支付薪酬，而不是按日，部分以实物偿付；但是到了公元前279年，由于受到公元前281年饥荒的影响，小麦的平均价格在那一年涨到了12德拉克马，神庙为了将风险转嫁给那两名工匠，将薪酬改用货币支付，一年240德拉克马，公元前279年还有17德拉克马的衣物津贴，而公元前278年则什么都没有了。这些工匠每天能赚2个德拉克马，360天本来能获得720德拉克马的收

122

入——这也是建筑师一年的收入；但是这些工匠很容易感到满足，为了得到一整年的工作机会，他们愿意接受原来三分之一的收入，也就是每年 240 德拉克马或每天 4 奥波尔——就像工匠奥林帕斯在公元前 302 年所做的那样；这意味着他们并不指望能得到其他工作机会。熟练工匠在间断性工作中每天能获得 2 德拉克马的收入，以上的分析意味着，一年下来他们最好的情况是平均每天收入 4 奥波尔；而在罗德岛大地震之后，托勒密三世（Ptolemy III）将工匠送到了罗德岛，他当时支付给工匠的薪酬也是这个数目。公元前 279 年，在小麦价格达到了 7 德拉克马的情况下，4 奥波尔的收入如何能养活一名已婚男性？他自己在食物上的支出为 105 德拉克马，他的妻子为他的三分之二，也达到了 70 德拉克马。假设他们夫妻在衣物上的花费为每年 10 德拉克马。因此他们还剩余 55 德拉克马用于住房、燃料和孩子们的花费。这个家庭肯定要陷入到生活物资短缺的境地；但是他们对生活还是有把握的；他们可以设法生存下去。

但是那些没有得到一年工作机会的工匠如何生存下去？（记住我前面列举的例子是收入最大的情况）我会再次对铁匠德克斯欧斯做一下说明。公元前 281 年，德克斯欧斯和另一名铁匠受雇去打磨神庙工人的工具，他们每件工具能挣得 1 奥波尔。德克斯欧斯负责了其中的 144 件工具，总共收入 24 德拉克马。公元前 274 年，德克斯欧斯一人打磨了所有的工具，但每一件只能挣半个奥波尔；工具的数量倒是增加了，636 件工具让他总共收入 53 德拉克马。这意味着在 7 年的过程中，德克斯欧斯的工作量是原来的 4.5 倍，而工资却只是原来的 2.5 倍。这显示了他极度需要那额外的 29 德拉克马。

123

现在我们来看一下那些非熟练工人。在公元前329年的厄琉西斯岛，间断性的散工能让他们每天挣得9个奥波尔。在公元前279年的提洛岛，薪酬则为5到8个奥波尔，但是后来的一份断简残篇显示，散工的报酬通常为每天1德拉克马，半熟练工匠也是这个数目，所以我把1德拉克马作为平均报酬，从9奥波尔到6奥波尔是一个相当大的跌幅。但是正如我们所见，前面熟练工人在散工中的收入为每天2德拉克马，打一年整工的平均收入只有每天4奥波尔，那么非熟练工人则只有每天2奥波尔的收入；这种收入对于一个人来说是最低限度生活费（bare subsistence），也就是所谓的奴隶标准和贫困标准。在提洛岛，一个人完全可以自信地与别人辩论下面这个命题：奴隶作为劳动力，将非熟练工人拉低到了与自身相同的水平。有时非熟练工人的收入比奴隶标准还低；厄琉西斯神庙中的奴隶每天能获得3奥波尔的收入，在提洛岛这个数字为2奥波尔；而且提洛岛偶尔也会出现3奥波尔的报酬，这显然要经过长期服务才能获得。但是在这里我会列举两个例子，其中自由劳动力的日收入远低于2奥波尔，公元前301年，一位名为特勒西斯（Tlesis）的熟练泥水匠得到了一份总报酬为140德拉克马的工作，工作期限为70天，每天收入2德拉克马。神庙另外为他安排了两位工人为他搬运沙子和配置灰泥，这两人每人能获得30德拉克马，作为散工，他们每天只能挣2.5奥波尔，而不是原先的1德拉克马；而当时的小麦价格为10德拉克马。这两位劳工依靠基本的面包和水生存，并且面包的量也不多。到了公元前282年，神庙雇用了一位名为阿尔忒弥西亚（artemisia）的女子来烘烤面包，她是自由人，薪酬按月支付。她在7个月内的日工资少于1奥波尔；我希望她只是来挣自己的零用钱。这里我要提一下，据我所知，罗马时期之前只发生过一次面包师的罢工，帕罗斯岛的面包师曾经发起过一次未遂罢工。

我们看到从德米特里时代开始，公元前 3 世纪上半叶熟练和非熟练工匠的日工资发生了大幅度的下降，而生活必需品的价格却上涨了。一般说来，计件工作的薪酬也是这样。就像神庙账目所显示的那样，提洛岛上的大部分工作是计件工作；但这个问题太复杂，现在还不方便讨论，我只能说，根据推测，计件工作的日工资也是严重缩水了；从公元前 300 年到公元前 250 年，计件工资呈下降趋势。这里我可以给出一组独立的数据，即将账目刻在石头上的实际花费，但是我不得不略去雅典的相关数据，因为雅典使用的是一套完全不同的支付方式（为了方便与提洛岛做比较，我把埃伊纳货币转换成了雅典货币）。在公元前 4 世纪早期的埃皮达鲁斯（Epidaurus），刻字费用通常为每 100 个字母 9 奥波尔，有时也会出现 2 奥波尔和 8 奥波尔的价格，但是这对于小件来说似乎是特价。在公元前 339 年的德尔菲，费用则是每 100 个字母 8.5 奥波尔，但是到了公元前 335 年，价格跌到了 6 奥波尔以下。在公元前 302 年的提洛岛，价格仍然是 6 奥波尔，即 1 德拉克马；但是在接下来的一年，价格则是每 130 个字母 1 德拉克马。在公元前 301 年刻字费用经历了一次较大的跌幅，这意味着 1 德拉克马需要刻更多的字母；到了公元前 282 年，我们发现了一个固定的价格，每 300 个字母 1 德拉克马——也就是每 100 个字母 2 奥波尔——这个价格一直持续到公元前 2 世纪，在提洛岛和列巴狄亚（Lebadea）都能发现相关证据。公元前 250 年，提洛岛甚至试图将价格定为每 350 字 1 德拉克马，但这导致了消极怠

125

工的情况，因此最终放弃了这种做法。去除少数极端的例子后，上面的情况意味着公元前282年之后，刻字费用从每100字9奥波尔降到了2奥波尔，而同一时期正经历着物价上涨和货币贬值。这些令人吃惊的数据证实了我从日工资得出来的结论，而且远远超出了日工资的下降额度。

公元前3世纪提洛岛工人的处境非常糟糕；非熟练工人的生存状态很容易跌到基本生存线以下，而熟练工人的收入水平也很难让他们有能力抚养一到两个孩子。但是提洛岛是一个亮点：到了公元前279年，或者可能还要更早一些，提洛岛聚集了大量来自希腊各地的工人，特别是那些来自各个岛屿的工人，这意味着他们家乡的生存条件可能还要差。正如我们从上层阶级的财富所看到的情况那样，就当时岛屿的情况而言，公元前3世纪的社会陷入了一个非常不健康的状态：穷人越来越穷，贫富差距越来越大。我们看到在公元前400年到前329年这段时期内，工资随着物价的上升而上涨；而在亚历山大大帝之后的时代，工资似乎不再与物价存在任何联系，在物价上升的同时，工资反而下降了。事实似乎很明显；但是除了无限制的竞争这一因素之外，我没有提出其他的解释，而继业者战争似乎让人们变得疯狂了。我并没有提出亚洲人的竞争这一说法；在公元前250年之前，提洛岛上并不存在来自亚洲的工匠。但是工人间的竞争并没有出现缓和的趋势。当时并不存在我们现代的工人组织；某些商业社团也才刚刚开始出现，但是它们只是社会和宗教团体，最多用来帮助那些受压迫的会员或者为他们办一个体面的葬礼。在雅典和罗德岛，国家只会在围城和饥荒时期提供补助；甚至在雅典这种补助也仅限于伤残人士。后来罗德岛建立了一个较好的食物供给制度，在这个制度下，每个富人要照顾一定数量的穷人，也许这是罗德岛从来没有发生动乱的原因。当时几乎不存在我们现代意义上的慈善业；富人通常比较慷慨，但也仅仅是对国家如此。当时人们的人道精神的确在增长，这在不断增加的仲裁案例中得到了反映，比如建议建立城市收容所，自愿释放奴隶，以及反对出售那些自由人身份的战俘；但这些都与当时的穷人无关。一份当时的格言曾提及"怜悯奴隶"；但对于自由人来说，我们经常在文学作品中看到穷人是令人憎恶的角色——在一份无名作者的诗作碎片中提到"他自己的母亲厌恶穷人"——似乎只有在一份科尔基达斯（Cercidas）之前的可疑文章中，作者表达了对穷人的同情。斯多亚学派的克里安提斯（Cleanthes）在他的《赞美宙斯》（*Hymn to zeus*）中有这么一段"无人可怜那些人，但你却对他们宠爱有加"，这里他可能指的是穷人和不幸之人；但是即使他是这么想的，他还是将这个任务抛给了宙斯；他并不认为这是其他人的事情。

现在我们了解了当时的社会情况，富人享受着极端奢侈的生活；对于穷人来说则是高昂的物价和缩水的工资；整个社会体系中也不存在所谓的缓冲器（shock-absorbers）。这时已经存在着引发动乱的各种条件；如果情况继续变坏，就只有一个解决之法，那就是革命；不是政治革命，而是社会革命；一场穷人反对富人的革命，这会导致土地的重新分配和债务的废除。借贷业实际上一直处于整个商业体系的底层。帕拉克斯科勒斯的抵押条款很好地表现了其对社会革命的恐惧。在当时的各岛屿中，债权人和债务人之间的冲突是非常普遍的。从公元前 280 年到前 250 年这段时期内，各岛屿中至少发生了四起冲突，分别在纳克索斯岛、阿

127

莫戈斯岛、凯奥斯岛和锡罗斯岛——其中一例涉及了富人和穷人之间的冲突；而这四起冲突的情况都非常严重，导致了宗主国的介入——埃及和马其顿为了平息这些潜在的革命，都对此进行了干预。但是当时对革命普遍的恐惧确实是富人们的心病；在将近一个世纪的时间里，雅典的陪审员必须发誓绝不投票支持土地分配和债务废除；这种革命的危险在亚里士多德作品的字里行间中得到了体现；伊索克拉底（Isocrates）也曾坦率承认，人们害怕自己的同胞甚于害怕敌人。但是随着马其顿的崛起，预防措施代替了原先的恐惧，在公元前335年亚历山大大帝与科林斯同盟缔结的协定中，同盟议会和亚历山大大帝的代表就以下问题达成了一致：同盟的城市不得没收任何个人财产，不得分配土地，不得废除债务，也不能以革命的目的释放奴隶。我们这里有四头时期（four heads）完整的社会革命计划，以及各国之间为反对此次革命做出的保证协议：如果任何一个城市爆发了革命，马其顿和泛希腊同盟（The Panhellenic League）将出兵镇压。公元前303年德米特里组织的同盟是对亚历山大大帝的模仿，其中肯定也有相似的安排；公元前335年以后，社会情况变得更加糟糕，这导致希腊对雇佣兵产生了巨大的需求，也提供了掠夺战利品的机会，让当时的希腊世界度过了公元前300年左右的经济危机。公元前279年，社会革命在卡山德里亚（Cassandreia）爆发，但这次革命明显没有成功的机会；公元前223年，马其顿的安提柯三世（Antigonus Doson）组织了第三次泛希腊同盟以镇压发生在斯巴达的社会革命。这让革命成功的机会变得更小。

斯巴达的革命为我们呈现了一场革命的三个常规阶段；它们分别是激进的改革，温和的革命或有限的革命，最后是彻底的革命，所有这一切都发生在一代人的时间里。斯巴达的故事从各方面来看都非常有意思，无论是个人的、军事的、政治的还是哲学的；但是我的研究只能限定在社会方面。那些敌视革命的作家，诸如阿拉托斯（Aratus）和波利比乌斯（Polybius），他们能提供给我们的只是政治和军事方面的信息，我们所掌握的社会方面的信息大部分来自革命的支持者、历史学家菲拉尔克斯（Phylarchus），普鲁塔克在阿基斯（Agis）和克列欧美涅斯（Cleomenes）的传记中对他的生平进行了描绘。菲拉尔克斯是一位了不起的作家，他的作品富有戏剧性，但也是一位公开的党派人士，而且他在书中提及的数字经常是靠不住的；学者们过去经常质疑他对公元前 244 年斯巴达的黑暗描写，当时年轻的国王阿基斯四世（Agis IV）刚刚登上王位。但是现在我们知道他的描述大体上是正确的。他提到当时公民人数大量减少了，所有土地落到了一小部分富人的手里，女性持有过多的财富，以及大量失去土地的穷人，结果在当时的斯巴达政治体制下，他们也就失去了公民权；共餐制度则成为了一出闹剧，富人不愿意去就餐，而穷人则是无法负担；土地所有者和穷人都被债务压垮了。现在除了共餐制度和债务之外，斯巴达的情况明显就是一个世纪以前亚里士多德所描绘的景象，只是情况还要严重一些。我们可以追溯一下这个变化过程。柏拉图时代的斯巴达人拥有丰富的金银以及大量的战利品。因为当时他们在希腊地区的战争都不甚成功，而在其他地区则相反，公元前 4 世纪，很多斯巴达人通过在亚洲和埃及服兵役挣钱。因为实际上斯巴达国内的商业和手工业并不发达，国内的金钱也就无法投资在这上面，所以他们将金钱全部投资到了土地上面；这样很多公民和美塞尼亚人（Messenia）一样成为了无土地的阶层，除了少数外邦人之外，国内唯一富裕的人群是大土地所有者。尽管公元前4世纪的斯巴达通常能从战败中恢复过来，但也有新情况：公元前265年，斯巴达大败于安提柯二世（Antigonus Gonatas），不久之后很多大城邦都能单独击败衰弱的斯巴达；因此菲拉尔克斯对斯巴达人口大量减少的描述是完全正确的。下面要谈论一下债务情况，部分土地所有者仍然拥有大量的金银财产，而其他人则没有；因此富人中也存在着两个阶层，后一个阶层为了维持他们先前的奢侈生活，不得不大量地抵押他们的土地。根据米南德的回忆，甚至在雅典这样的城邦，如果一个人不必将土地作为抵押，那就是万幸了，而在公元前297年以后，沉重的抵押条款让以弗所难以负担，政府甚至撤销了相关法律；这里我们也没有理由质疑菲拉尔克斯的相关描述。当时穷人的债务负担越来越重，因此当我们回头看提洛岛的境况时，肯定会产生疑问，岛上这一切情况是怎么回事？在整个公元前3世纪，提洛岛神庙的坏账一直呈增长的趋势，而我之前已经提到提洛岛陷入过度负债的麻烦之中；但是米南德的剧作《英雄》（*The Hero*）是对菲拉尔克斯记述的最佳评论，在这部剧中，穷人的儿女为了偿还区区200德拉克马的债务而自愿沦为奴隶。事实上，米南德将"小康"水平（well-to-do）定义为一个人在不用借款的前提下也能生存下去。我们在斯巴达看到的情况和岛屿上一样，只是更加明显：富人没有越来越富，而穷人则日益贫穷。而斯巴达在事实上并不存在中产阶级，亚里士多德认为这个阶层是防范革命的最佳卫士，因此革命时机在斯巴达已经成熟。

但是公元前4世纪和前3世纪的斯巴达人中一直存在着一个信念，他们认为在很久以前，斯巴达是一个完全不同的国家；以前的斯巴达除了武器之外，不存在所谓的私人财产，他们的立法者来库古（Lycurgus）将土地平等地分给他们的公民，每人的份额完全相同；这些土地也不是拥有者的个人财产，而是国家暂时分配给公民的，以保证他们（因为这些土地由希洛人耕种）将自己的大部分时间奉献给国家的事业，认真进行军事训练；就像斯巴达人的身体属于国家，不属于公民自己，土地也是这样。而现在的斯巴达国家则被认为是从理想状态的倒退。当然这种理想状态之前也从未存在过；斯巴达从始至终都存在着贫富之分，也从来没有平分土地的历史。但是这种理想在当时很有影响力，这是共产主义哲学思辨的产物。斯多亚学派宣扬人人平等，芝诺（Zeno）和亚姆布鲁斯（Iambulus）曾经提出了乌托邦的观念，在这个平等的世界里，不存在贫富之分；亚姆布鲁斯在解释这个概念时比较谨慎，他所谓的理想世界中的人已经废弃了阶级制度，不再会有革命的困扰。

132

　　现在希腊城邦中的穷人没有多少机会去做出实质性的改变，而且他们也没有能力负担武器的花费；他们更愿意依靠某个领袖，这个领袖通常不是来自穷人团体，而且拥有军队，比如说雇佣军。当时发生在卡山德里亚的社会革命就是这种情况，最终导致了僭主政体的建立。到了公元前 244 年，斯巴达的混合体制已经成了一个寡头政体，监察官（ephors）根据富人的意志统治着斯巴达；因此穷人转而将希望寄托在了国王身上。当时的国王阿基斯很有可能是一个道德崇高之人，就像菲拉尔克斯对他的描述那样——他是一位柏拉图理想中的哲学王，深受斯多亚学派乌托邦思想的影响，试图创造一个人人平等和人人皆兄弟的新世界；并且他很可能对穷人抱有真正的同情。他同样拥有军事野心；在军事上实行配给制度，这对于斯巴达军事力量的增长作用甚大，就像希腊化时代各个君主所做过的那样。但首先他又是一位斯巴达爱国者；他希望在不变革斯巴达政治制度的前提下，通过平均分配土地，恢复斯巴达的黄金时代，这样所有的无地公民都能得到配给的土地，共餐制度也能得到恢复。但是他无法分配那些被抵押的土地，也无法有效地将土地分配给那些被债务压垮的穷人，同时他还必须面对取消所有债务的问题，国家已经没有能力支付这些债务；这位保守的改革者在事实上采用了社会革命中的两条原则，即分配土地和取消债务（古希腊人对待私人债务的态度与我们不同，法庭经常偏袒债务人，并且出现了多次免除债务的案例，甚至在重视商业的科林斯也是如此，这都是根据压制债权人的基本原则）。至于革命计划中的其他两项，阿基斯自然从未有过解放希洛人的想法，希洛人是来库古体制的必要部分——甚至是斯多亚派的学者也没有废除该制度的主张；据推测，他并没有没收私有财产的想法。但是他将自己的巨额财富捐献给了国家，希望其他人也能仿效他的做法。

　　尽管阿基斯认为自己的所作所为是为了恢复国家的古老传统，但实际上他是在尝试一种全新的做法。像斯巴达这样的小国家，在公民之间平均分配土地，加上定期的重新分配，这本该是完全可行的事情；一个名为利帕拉俄安斯（Liparaeans）的希腊团体确实是每 20 年进行一次土地重新分配，他们将土地的占有视为一种使用权，而不是所有权。但是由于几个世纪以来，斯巴达的土地一直是私人财产，我们不能因为以前斯巴达曾经实行过土地公有这种模糊的理念，就要求土地所有者立即变成无私的利他主义者。阿基斯是否有理由为了国家的利益而剥夺富人的土地，关于这一点我不做评判；我们现在其实做着同样的事情，但是通过一种更渐进的手段，通过征收遗产税的方式进行。他的实际建议是将内环（inner ring）内的土地分成 4500 块给斯巴达人，外环（outer ring）的土地分成 15000 块给庇里阿西人（Perioeci）；因为当时斯巴达公民的人数不足 4500 人，他提议挑选一定数量的庇里阿西人和外邦人作为补充，前提是这些人必须认同斯巴达的制度。泰勒斯（Teles）在《论流放》（*On Exile*）中提及了这些建议，这次演讲于阿基斯死后两年发表于麦加拉（Megara），可见这些建议在当时引发了广泛的关注。

134

　　穷人热心地支持阿基斯，其中部分是年轻人，他们富有青春的活力。要想解释当时发生的事情，我们必须假定土地所有者分裂成了两个阵营。由另一位国王列奥尼达（Leonidas）领导的富人集团是毫不妥协的反对者；他们中的很多人都是债权人。但是那些由阿基斯的叔叔所领导的富人，由于抵押了自己的土地，他们属于另一个阵营，这些人认为他们可以利用阿基斯将他们自己的土地从债务中解脱出来。起初他们支持阿基斯的建议，在俘虏了五位监察官之后，他们如愿阻止了阿基斯同时实行两项计划的打算，而且先让阿基斯废除了债务。之后他们就不再需要阿基斯了，所以将他和他的军队派遣到北方，以此继续破坏阿基斯和穷人之间的关系，之前穷人们因为没有得到承诺的土地而心生不满；当他回来时，他发现自己必须面对一个严峻的事实，要么动用武力镇压，要么倒台。最后他决定不诉诸武力。原因可能是他当时并不信任自己的军队；但更有可能的是他宁愿牺牲自己也不愿意去屠杀自己的同胞。他寻求避难之所，但最终被逮捕并被杀害；在一段时期内，列奥尼达和他的集团获得了胜利。

135 13 年之后，列奥尼达的儿子克列欧美涅斯（Cleomenes）实行了阿基斯的计划；他是斯多亚派哲学家斯皮阿罗斯（Sphairos）的学生，后来又娶了阿基斯的遗孀，这两个人的影响使他最终接受了阿基斯的观点。他在性格上比阿基斯更强硬，同时并不十分真诚；有一点对他来说非常重要，即改革能在很大程度上增强斯巴达的军事力量，这也显示他拥有极大的野心。他很清楚阿基斯失败的原因；虽然他们的目的相同，都是想恢复理想的来库古制度，他之所以被称为革命者，而不是改革者，是因为他知道要想取得成功，就必须用武力推翻现存的政治制度。现在除了埃利斯（Elis）、麦西尼（Messene）和斯巴达，伯罗奔尼撒的大多数城邦都加入了亚该亚同盟（Achaean League），同盟的领导者为希巨昂（Sicyon）的阿拉托斯（Aratus），一位睿智、富有且无原则的政治家。克列欧美涅斯开始向同盟挑衅，迫使阿拉托斯宣战。菲拉尔克斯认为克列欧美涅斯发动战争仅仅是想为革命铺平道路，而作为革命的反对者的作家们，阿拉托斯本人和波利比乌斯也并不否认这一点。这场战争让克列欧美涅斯得以征募雇佣兵。当一切准备就绪，他让公民兵在远离斯巴达的地区扎营，带领自己的雇佣兵返回了斯巴达，最后他杀死了 5 位监察官中的 4 位，以及 10 位监察官的支持者，流放了其余 80 位支持者，在清除了 14 位反对者后，他成为了斯巴达唯一的主人。他随即取消了所有债务，将土地按照阿基斯的计划进行了分配，在这些土地中，他也为 80 位流放者留了相应的份额，并打算以后将他们召回。从这里可以看136 出，克列欧美涅斯似乎有一点亚历山大大帝的影子；其他人从来不会考虑召回自己的政治对手。

克列欧美涅斯的改革没有到此为止；他并不满足于与阿拉托

斯缔结的和平协定，没有把自己的事务局限在斯巴达的内部发展上；我们不清楚究竟是什么原因导致他的革命没有取得永久的成功。在阿基斯死后，斯巴达是如此虚弱，以至于无法抵御埃托利亚人（Aetolian）的突袭，后来在克列欧美涅斯改革后立马变得强大，任何希腊城邦都不敢轻易攻击斯巴达；除了雇佣军之外，克列欧美涅斯能将 14000 或 15000 斯巴达人投入战场，而在公元前 4 世纪这个数字只有 6000 人。不幸的是，他的野心开始起作用；他想成为伯罗奔尼撒的领袖，也许是全希腊的领袖，在一个新的科林斯同盟中扮演亚历山大大帝的角色。他在与亚该亚人的战争中大获全胜，如果他没有在亚该亚集会前夕病倒，他本该被选为亚该亚同盟（Achaean League）的领导者。阿拉托斯解除了这个危险；但是他所不能克服的危险是社会革命，当时几个城市的穷人阶层发起了暴乱，导致这几个城市纷纷倒向了克列欧美涅斯。亚该亚同盟是当时最值得尊敬的机构，但这个机构也是建立在富人阶层的基础上；而惧怕革命的阿拉托斯开始与马其顿的安提柯三世（Antigonus Doson）进行协商，希望对方能出兵镇压。但是当安提柯三世得知消息时，克列欧美涅斯已经横扫了全国；很多城市发生了暴乱，其中包括阿哥斯（Argos）和科林斯，很快，除了麦加洛波利斯（Megalopolis）和希巨昂，亚该亚同盟的控制地区丧失殆尽，甚至失去了部分亚该亚地区。希腊出现了前所未有的革命热情浪潮。阿拉托斯被逼到了绝境，只得同意安提柯三世 137 的条件，将科林斯让给他。随后安提柯三世组织了一个希腊同盟，同盟的首要目的是镇压革命，这意味着他表明了自己发动战争不是针对斯巴达，而是针对克列欧美涅斯。

我们在这里可以举出实际的例子说明克列欧美涅斯的革命如

何影响了其他城市；这个例子来源于科尔基达斯（Cercidas）所作的关于富裕和贫困的小诗。作者科尔基达斯是麦加洛波利斯（Megalopolis）的统治阶层，也是阿拉托斯的私人朋友；而麦加洛波利斯是斯巴达的敌人。面对着正在发生的这一切，科尔基达斯创作了一篇诗歌质问诸神的公平性，为何让那些恶人富有，而让好人贫穷，然后他又转向了麦加洛波利斯的统治阶层，宣布他们只有一条出路；他们应该在还有机会的时候去关怀病患和穷人，否则他们的财富将被夺走——社会革命将会降临到他们头上。身处上层社会的希腊政治家应该提倡慈善和施舍，即使只是暂时性的，即使部分原因是出于对革命的恐惧，这也是最令人惊喜的迹象。但这些情况没有出现，对克列欧美涅斯野心的恐惧促使科尔基达斯重新支持阿拉托斯。

实际上当克列欧美涅斯处于成功的顶峰时，他的事业就已经注定要失败，这一切发生在安提柯三世干涉之前。广泛的成功在很大程度上要归因于当时大众的信念，这个信念遍及了整个伯罗奔尼撒，大众认为克列欧美涅斯会为他们带来社会革命——为每个人带来土地并取消债务；他在斯巴达推行的政策也会在其他地区推行；将会出现一个完全不同的新世界。他是一位斯巴达的国王，明显不会制造一场能将自己都刮走的革命旋风。在安提柯三世到达之前，事情已经变得很明显了，克列欧美涅斯不会进行一场广泛的革命；而下层阶级已经准备离开他去继续承受生活的重压。结果当阿拉托斯试图带领一小部分军队穿过阿哥斯，绕到克列欧美涅斯背后时——他当时正位于地峡——阿哥斯改变了立场；克列欧美涅斯的通信受到了威胁，因此放弃了地峡，回守斯巴达，当时很多城市一个接一个地背叛了他。他遭受了所有温和革命都

138

会遇到的惯常命运，也就是两方都不讨好，同时遭到了富人和穷人的反对，一方是因为他的革命走得太远，另一方则认为他的革命不够彻底。剩下的事情就只有战斗；他向麦加洛波利斯进行了报复，但是在塞拉西亚（Sellasia）被安提柯三世击败，随后逃到了埃及，他也是唯一一位在战败后幸存下来的斯巴达国王；后来普鲁塔克在一篇演讲中为克列欧美涅斯辩护，认为他最后选择为斯巴达和革命继续活下去，而不是无谓死去，这是正确的选择，我认为希腊文学中没有比这更悲伤的文字了。

安提柯三世在希腊恢复了原来的政治制度，很多克列欧美涅斯的新公民再次失去了他们的土地。但是他的党派并没有被摧毁；城邦在不安中度过了 14 年，流亡人士的数量也在不断增加，直到于公元前 207 年惨败于亚该亚人。在长期受到抑制以后，真正的革命终于在纳比斯（nabis）的领导下爆发了。我们有关纳比斯的所有信息都来自他的敌人。他很有可能就像波利比乌斯所说的那样残忍——尽管波利比乌斯自己也提倡可以用酷刑折磨任何人——他的雇佣军也很可能是地球上的渣滓；但是我们必须公正地看他所做过的事情。他实行了社会革命中的四个要点：他不仅取消了债务，重新分配了土地，还没收了富人的财产，其中大多数来自被他流放的富人团体，并且解放了奴隶；他的部分军队由解放的希洛人组成。当腓力五世（Philip V）将阿哥斯送给他时，他在那里也以相同的方式进行了社会革命。但是他宣称从富人那里得来的财产是"为了国家的公共支出"，并且很有可能的是，当时共餐的开销是由国家支付的，就像克里特岛所做的那样；波利比乌斯在后一本书中偶尔提及，纳比斯为那些流亡者的妻女保留了一定数量的土地，并且保证她们不受别人的骚扰。就像他以前

139

所声称的那样，他确实消灭了阶级国家，并以一个人人平等的国家取而代之，他以一种极端的方式最后一次恢复了斯巴达的强大活力。尽管存在着战争和流放造成的巨大损失，他还是征募了一支1万人公民军队，部分是被解放的希洛人，再加上雇佣军和大约2000阿哥斯人——很明显他可以信任阿哥斯的下层民众——当罗马向他宣战时，他在斯巴达有一支18000人的军队；当马其顿的征服者弗拉米尼努斯（Flamininus）带领5万人的军队攻击斯巴达时，纳比斯将他击败。总之，我们看到，他们是为一种理想而战。当然，纳比斯后来失去了勇气，在第二天接受了弗拉米尼努斯开出的条件；但是尽管他失去了阿哥斯和海岸地区，弗拉米尼努斯并不打算改变斯巴达的任何事务，或者召回流放者。当后来纳比斯被埃托利亚人刺杀后，民众为他报了仇；后来的斐洛波门（Philopoemen）让斯巴达加入了亚该亚同盟，结束了纳比斯死后的混乱状态，并重新召回了那些流亡者，同时无情地废除了斯巴达独有的军事培育体系，3000名纳比斯的新公民宁愿留下来承担后果，也不愿跟随斐洛波门前往亚该亚；他们最终被斐洛波门卖为奴隶。斯巴达的革命就这样结束了，就像波利比乌斯所说的那样，希腊的革命通常结束于造就它们的城市的废墟之中。但是如此结局明显要归因于克列欧美涅斯的野心和外部敌人的干预。

附　录

以下是一些最重要的藏品：

（1）369 件雕刻宝石、浮雕和古代戒指。[①] 以下藏品特别有趣：

A5，A6（阿弗洛狄忒，Aphrodite），A10（厄洛斯，Eros），A16（阿波罗，Apollo），A22（雅典娜，Athene），A26（意大利战士向啄木鸟之神皮库斯请教神谕），A36（青年运动员：波留克列特斯 [Polykleitan] 作品的复制品），A48（善良的牧羊人），B46（萨摩−色雷斯的尼科，Nike of Samothrace），B78（安敦尼时期的贵妇肖像），B79（尼禄和波旁亚，Nero and Poppaea），B80（哈德良，hadrian 个），B107（战车比赛），B109—10（埃乌基狄斯的安条克，Antloch of Eutychides），C17（诺斯替教派的护身符；避邪文字和库劳毕斯 [Khnoubis] 的蛇），E1（早期的十字架），G1（罗马护胸甲上的浮雕宝石）。

（2）一名女孩的青铜雕像，发现于伊特鲁利亚的格罗塞托（Grosseto），但是很可能是爱奥尼亚的工艺风格。这是古风时代的原作，无论是其工艺还是保存的状态都非常完美，与公元前 500

---

① See J. H. Middleton, *The Lewis Collection of Gems and Rings with an introductory essay on Ancient Gems*（Cambridge UniversityPress，1892）.

年雅典卫城的大理石女孩像同属于一个等级。

（3）一面来自普莱尼斯特（Praeneste）的镜子，带有雕刻装饰和早期拉丁铭文，因为上面的缩写字母不明确，因此内容无法释读。

（4）古风时代的少年青铜像，原本是希腊浅底碗上的手柄。

（5）伊希斯（Isis）的青铜像，以及人头蛇身的塞拉皮斯（Sarapis）像。很可能来自西奇库斯（Cyzicus）。原来是君士坦丁堡诺德曼（Nordtmann）的藏品，经多次出版。

（6）一座镀银女神像，结合了伊希斯、堤喀（Tyche，"好运女神"）、涅墨西斯（Nemesis，"复仇女神"）、太阳和月亮以及其他神祇的特性，这些元素体现了公元前3世纪的一种流行宗教。

（7）带有凸纹浮雕的科林斯镜子，浮雕上狄俄尼索斯、厄洛斯和女孩正在弹奏七弦琴，公元前4世纪。

（8）许多反映古代家庭生活的物品，如砝码、硬币、家庭器具和梳妆用品等，其中有大量的灯具，涉及希腊、罗马和早期基督教时期，显示了从公元前5世纪到公元5世纪陶制灯具演变史。

（9）希波战争时期（公元前480年）的红色基里克斯陶杯（kylix），杯子内外绘有酒宴场景。与柏林的基里克斯陶杯一起很可能出自同一位画家之手，都是同一作坊的代表作，原本是勒屈耶（Lecuyer）的藏品。

（10）同一时期的陶瓶，上面绘有一位女神和一位青年正逃离一场音乐会；其中人物很可能是厄俄斯（Eos）和提托诺斯（Tithonus），但在其他地方厄俄斯几乎总是以带有翅膀的形象出现。这个作品和最后提到的花瓶都因保存完好而引人注目。

（11）晚期的无柄红色基里克斯陶杯（kylix，公元前5世纪晚期），上面绘有：俄耳甫斯（Orpheus）的头颅正在宣示神谕，而一位青年在阿波罗的鼓励下，用笔和蜡版将此记录下来。原本是那不勒斯巴罗内（Barone）的藏品，并且多次得到出版，举例来说，哈里森女士的《古希腊宗教研究导论》(*Prolegomena to the Study of Greek Religion*）就有提及。

（12）大型双耳瓶（公元前450年）；埃阿斯（Ajax）将卡珊德拉（Cassandra）从雅典娜的雕像旁拖走，而雅典娜似乎打算干预此事，该作品是这个故事主题的典型代表，原本属于巴黎巴里先生（Barre）的藏品。

（13）黑色的"雅典娜双耳瓶"（Panathenaic Amphora），曾被作为奖品送给雅典摔跤比赛中的获胜者（公元前5世纪早期）。

（14）米洛斯岛（Melos）的多重陶瓶（kerchnos），很可能被用来陈放水果，每一格子陈放一种水果。

（15）蓝色陶罐，上面有托勒密四世（Ptolemy Philopator，公元前222年—公元前205年在位）的名字；这种陶器一般出自神庙，用来献给托勒密家族的皇室成员。

（16）手持铜镜的阿弗洛狄忒（Aphrodite）红陶雕像，已知最漂亮的古代红陶雕像之一，来源于小亚细亚的米里娜（Myrina）。

（17）从主要藏品中遴选的344枚希腊钱币；要特别留意克罗伊斯的黄金斯塔特（stater）(1)，库济库斯（Cyzicus）的银德拉克马（5—7），马其顿腓力的金斯塔特（20—24），亚历山大大帝的金斯塔特（25—27），印有行政官名字的晚期阿提卡德拉克马（89—94）。（其余的希腊钱币可以向负责人请教）

（18）挑选出的296枚罗马钱币；要特别留意帝国时期的金币和铜币，它们的保存状态非常完美。以下钱币的背面比较有趣：

107（韦帕芗：维斯塔神庙），113（图拉真：图拉真纪功柱），224（卡利古拉：在奥古斯都神庙前进行献祭），227（克劳迪乌斯："希望"，一位古风形式的人物形象，这是对那件格罗塞托雕像的模仿），236（尼禄：奥斯提亚港），247（提图斯：罗马竞技场），258（图拉真：图拉真广场的神庙），267（哈德良：第一次出现了不列颠的象征，与279—280中康茂德的头像相比较），283（塞维鲁在百年节向赫拉克勒斯献祭）。

以上部分钱币有助于我们重构古罗马建筑，因此有很高的价值。

（19）大量犹太硬币，包括银舍客勒（shekels）和半舍客勒（half-shekels），很可能铸造于公元66年到70年的罗马犹太战争时期；印有"5年"（公元70年）的舍客勒可能是史上第一次被发现，这些钱币已经在各种著作中多次出版。

（20）大量英格兰和法国的金银币，时间范围从古代高卢和不列颠时期到维多利亚时期。

索　引

译后记

本书是一部希腊化研究论文集，由剑桥大学出版社出版于1923年。各位作者显然默认读者都已熟悉希腊罗马史，在学校进修过相关知识，因此随意旁征博引各种希腊和拉丁原文而不附译文。他们视拉丁语和希腊语为知识分子必备之技，这也是20世纪初古典学学者应有之自信。19世纪以来，德罗伊森的《亚历山大大帝传》和《希腊化史》开创了希腊化研究的新时代，"Hellenism"或德语"Hellenismus"一词也被赋予了新的含义，指古希腊文化在东方民族中的扩散和传播。此后古典学界普遍采用了这个术语，加上19世纪欧洲各国热衷于向外扩张的政治环境，学者们开始重视并重新评估这一时期。在随后几十年内，大量西方历史学家开始吸收新发现的考古材料，纸草学的兴起则复原了很多希腊化作家的作品，学者们对希腊化时代进行了开创性研究。希腊化研究得以不断走向成熟，其重要历史地位也得到了人们的认可。19世纪下半叶20世纪初，出现了许多知名的历史学家，伯里和塔恩就是其中的代表。本论文集就是在这种大环境下诞生了，作者都是当时学界的大师级人物，这些文章一定程度上反映了20世纪初西方学者们希腊化研究一些方面的成果。

本书收录了四篇文章，分别涉及希腊化时代的介绍（伯里）、文学（巴贝尔）、哲学（贝文）和经济（塔恩）。第一篇文章出自伯里（1861—1927）。伯里是爱尔兰历史学家、古典学家和文献学家，也是一名拜占庭研究者（伯里本人反对使用拜占庭这个术语，著述中仍然沿用罗马帝国的名号），毕业于都柏林大学的三一学院，曾作为钦定教授任教于都柏林大学和剑桥大学。伯里博古通今，著述涉及从古希腊到近现代的各个阶段，涵盖哲学、宗教和文献等多个领域。他还参与了 1911 版《大英百科全书》和《剑桥古代史》的编写工作，并于 1902 年在剑桥大学的就职演说中提出了"历史学是一门不折不扣的科学，不是文学分支"这一著名论断。伯里的这篇文章是关于希腊化时代的介绍性文章。他指出当时的读者对希腊化时代了解太少，但这其实是一个非常重要的时代：在政治理念上，亚历山大的帝国是罗马帝国制度的先行者；在科学史上，这个时期的知识分子在地理学、天文学等领域取得了创新的成果；在思想上，斯多亚派世界主义的普世理念展示了惊人的现代性。总之，他认为研究希腊化世界中出现的问题的解决方法，对于当今世界的困境不无裨益。他肯定了希腊化时代在文明史中的意义，赋予了其重要的历史地位。

随后是巴贝尔（1888—1965）的文章，关于这位作者，本人对其了解较少，他是牛津大学的古典学者。相关著（编）作有 *New Chapters in Greek Literature*（1921），*The Elegies of Propertius*（1936）和 *Sexti Properti Carmina*（1954）。巴贝尔在文中利用了当时纸草学成果，聚焦希腊化时代亚历山大诗派的文学，分析了赫罗达斯、卡利马库斯和忒俄克里托斯等人的残篇。"如果没有亚历山大诗派的影响，奥维德几乎不可能创作出《变形记》"，他强调亚历山大诗派对罗马世界等后世文学的影响。希腊化时代的文学作品很少能够保存下来，但它们却非常重要，他进而分析了这些作品佚失的原因。此外，这个时代给后世的遗产，除了诗歌这种艺术，还有滑稽戏和讽刺文学。这两种流行文学，因反映民众生活的现实主义精神而显得生动活泼。而当时的博学之士则以各种神话为原材料，为当时希腊世界引入了浪漫主义性质的诗歌。

第三位作者埃德温·贝文（1870—1943）早年曾游历印度，一战时任职于宣传和情报部门，并荣获大英帝国勋章，后任教于伦敦大学国王学院。主要研究领域为希腊化时代，早期侧重于文学方向，后转向宗教与哲学。作为银行家之子，贝文继承了一笔丰厚的遗产。这让他能独立地进行学术研究和著述，是一位独立的哲学家和史学家，并于 1942 年成为英国社会科学院会员。相关著作有 *The House of Seleucus*（1902），*Jerusalem under the High Priests*（1904），*Stoics and Sceptics*（1913），*Hellenism and Christianity*（1921），*A History of Egypt under the Ptolemaic Dynasty*（1927），*Later Greek Religion*（1927）等。贝文在文中介绍了希腊化时代的流行哲学，对各个学派、它们的主要思想及其代表人物进行了清晰且有说服力的叙述，特别是犬儒学派和伊壁鸠鲁学派。贝文坚持认为基督教不是神秘宗教，算是文中最突出的观点。他试图论证各学派之间的相似性，同时又试图让读者明悉斯多亚、西兰尼、伊壁鸠鲁和怀疑论等学派之间的区别。但对我来说却不甚成功，本人还是经常将诸如底比斯的克拉特斯和麦加罗波利斯的科尔基达斯等人所属的学派搞混。

最后一位是塔恩（1869—1957），作为英国古典学家，他以亚历山大大帝研究闻名。其传记式著作《亚历山大大帝》（*Alexander the Great*，1948）对亚历山大的征服进行了理想化的解释。塔恩笔下的亚历山大希望将希腊文化带给未开化的蛮族人，东征则是为了实现亚历山大世界大同的理想。作为征服者的亚历山大被他描绘成了一位典型的苏格兰绅士、一位身着戎装的斯多亚哲学家。这部传记深刻影响了亚历山大在大众心中的形象，甚至不少历史课本和历史小说、电影中的亚历山大形象也是如此。塔恩的研究也涉及巴克特里亚和印度的希腊化王国。其中《巴克特里亚和印度的希腊人》(The Greeks in Bactria and India)，利用了钱币学相关的史料，多方面叙述了当地历史。同时他还参与了《剑桥古代史》的编写工作。塔恩一生从未在任何大学担任过任何教席，但杰出的学术成就让他在学界享有崇高的地位。他的这篇文章主要考察希腊化时期的社会革命，利用希腊化时代的各种铭文，通过统计学方法为我们呈现了当时的劳工问题，根据众多资料描绘了公元前350年至前250年的物价和工资曲线。当时由于小麦和橄榄油的价格上升，一名工人每天1奥波尔的薪酬还不足以维持基本的温饱。他也分析了发生在斯巴达的社会革命，并指出了革命失败的原因在于领导者的野心和外部敌人的干预。当然，如果塔恩能更多地使用现代而不是古希腊的单位，那么也许更有助于读者理解他的文章。

本书的翻译工作跨越了十年的时间，初稿在2013年时就已完成，之后译稿就一直"躺"在文件夹里了。2022年，上海三联书店的殷亚平老师联系我后，才正式交稿。但校样出来后因忙于工作，一直没时间细看，直到2024年中，才有时间仔细读了一遍。一开始只打算大致浏览一遍，但发现错译、讹误不少，汗颜之下才决定仔细地校订一遍，修改了一些错译之处，也解决了部分人名、地名前后不一致的问题。本书的翻译出版承蒙陈恒教授的推荐和上海三联书店的支持，以及殷亚平老师的细心编校，在此表示衷心感谢。在翻译过程中遇到了一系列问题，最主要的还是古代语言方面，文中引用了不少希腊语和拉丁语文献，我尽可能地结合自己的语言基础和词典予以解决。我深刻体会到，此类学术论文的翻译殊非易事，为自己译文质量感到忐忑，虽然已经竭尽全力，但无奈译者水平有限，特别是译文主体完成于十年前，即使重新过了一遍，肯定还是存在不少错误，可能令读者蹙眉，所以敬请广大读者批评指正。

上海三联人文经典书库

已 出 书 目

17.《秘史》 [东罗马]普罗柯比 著 吴舒屏 吕丽蓉 译

18.《论神性》 [古罗马]西塞罗 著 石敏敏 译

19.《护教篇》 [古罗马]德尔图良 著 涂世华 译

20.《宇宙与创造主:创造神学引论》 [英]大卫·弗格森 著 刘光耀 译

21.《世界主义与民族国家》 [德]弗里德里希·梅尼克 著 孟钟捷 译

22.《古代世界的终结》 [法]菲迪南·罗特 著 王春侠 曹明玉 译

23.《近代欧洲的生活与劳作(从 15—18 世纪)》 [法]G.勒纳尔 G.乌勒西 著 杨 军 译

24.《十二世纪文艺复兴》 [美]查尔斯·哈斯金斯 著 张 澜 刘 疆 译

25.《五十年伤痕:美国的冷战历史观与世界》(上、下) [美]德瑞克·李波厄特 著 郭学堂 潘忠岐 孙小林 译

26.《欧洲文明的曙光》 [英]戈登·柴尔德 著 陈 淳 陈洪波 译

27.《考古学导论》 [英]戈登·柴尔德 著 安志敏 安家瑗 译

28.《历史发生了什么》 [英]戈登·柴尔德 著 李宁利 译

29.《人类创造了自身》 [英]戈登·柴尔德 著 安家瑗 余敬东 译

30.《历史的重建:考古材料的阐释》 [英]戈登·柴尔德 著 方 辉 方 堃 杨 译

31.《中国与大战:寻求新的国家认同与国际化》 [美]徐国琦 著 马建标 译

32.《罗马帝国主义》 [美]腾尼·弗兰克 著 宫秀华 译

33.《追寻人类的过去》 [美]路易斯·宾福德 著 陈胜前 译

34.《古代哲学史》 [德]文德尔班 著 詹文杰 译

35.《自由精神哲学》 [俄]尼古拉·别尔嘉耶夫 著 石衡潭 译

36.《波斯帝国史》 [美]A.T.奥姆斯特德 著 李铁匠等 译

37.《战争的技艺》 [意]尼科洛·马基雅维里 著 崔树义 译 冯克利 校

38.《民族主义:走向现代的五条道路》 [美]里亚·格林菲尔德 著 王春华 等 译 刘北成 校

39.《性格与文化:论东方与西方》 [美]欧文·白璧德 著 孙宜学 译

40.《骑士制度》 [英]埃德加·普雷斯蒂奇 编 林中泽 等译

41.《光荣属于希腊》 [英]J.C.斯托巴特 著 史国荣 译

42.《伟大属于罗马》 [英]J. C. 斯托巴特 著 王三义 译

43.《图像学研究》 [美]欧文·潘诺夫斯基 著 戚印平 范景中 译

44.《霍布斯与共和主义自由》 [英]昆廷·斯金纳 著 管可秾 译

45.《爱之道与爱之力:道德转变的类型、因素与技术》 [美]皮蒂里姆·A.索
罗金 著 陈雪飞 译

46.《法国革命的思想起源》 [法]达尼埃尔·莫尔内 著 黄艳红 译

47.《穆罕默德和查理曼》 [比]亨利·皮朗 著 王晋新 译

48.《16世纪的不信教问题:拉伯雷的宗教》 [法]吕西安·费弗尔 著 赖国
栋 译

49.《大地与人类演进:地理学视野下的史学引论》 [法]吕西安·费弗尔 著
高福进 等译

50.《法国文艺复兴时期的生活》 [法]吕西安·费弗尔 著 施诚 译

51.《希腊化文明与犹太人》 [以]维克多·切利科夫 著 石敏敏 译

52.《古代东方的艺术与建筑》 [美]亨利·富兰克弗特 著 郝海迪 袁指
挥 译

53.《欧洲的宗教与虔诚:1215—1515》 [英]罗伯特·诺布尔·斯旺森 著
龙秀清 张日元 译

54.《中世纪的思维:思想情感发展史》 [美]亨利·奥斯本·泰勒 著 赵立
行 周光发 译

55.《论成为人:神学人类学专论》 [美]雷·S.安德森 著 叶汀 译

56.《自律的发明:近代道德哲学史》 [美]J.B.施尼温德 著 张志平 译

57.《城市人:环境及其影响》 [美]爱德华·克鲁帕特 著 陆伟芳 译

58.《历史与信仰:个人的探询》 [英]科林·布朗 著 查常平 译

59.《以色列的先知及其历史地位》 [英]威廉·史密斯 著 孙增霖 译

60.《欧洲民族思想变迁:一部文化史》 [荷]叶普·列尔森普 著 周明圣
骆海辉 译

61.《有限性的悲剧:狄尔泰的生命释义学》 [荷]约斯·德·穆尔 著 吕和
应 译

62.《希腊史》 [古希腊]色诺芬 著 徐松岩 译注

63.《罗马经济史》 [美]腾尼·弗兰克 著 王桂玲 杨金龙 译

64.《修辞学与文学讲义》 [英]亚当·斯密 著 朱卫红 译

65.《从宗教到哲学:西方思想起源研究》 [英]康福德 著 曾 琼 王 涛 译

66.《中世纪的人们》 [英]艾琳·帕瓦 著 苏圣捷 译

67.《世界戏剧史》 [美]G.布罗凯特 J.希尔蒂 著 周靖波 译

68.《20世纪文化百科词典》 [俄]瓦季姆·鲁德涅夫 著 杨明天 陈瑞静 译

69.《英语文学与圣经传统大词典》 [美]戴维·莱尔·杰弗里(谢大卫)主编
    刘光耀 章智源等 译

70.《刘松龄——旧耶稣会在京最后一位伟大的天文学家》 [美]斯坦尼斯拉
    夫·叶茨尼克 著 周萍萍 译

71.《地理学》 [古希腊]斯特拉博 著 李铁匠 译

72.《马丁·路德的时运》 [法]吕西安·费弗尔 著 王永环 肖华峰 译

73.《希腊化文明》 [英]威廉·塔恩 著 陈 恒 倪华强 李 月 译

74.《优西比乌:生平、作品及声誉》 [美]麦克吉佛特 著 林中泽 龚伟英 译

75.《马可·波罗与世界的发现》 [英]约翰·拉纳 著 姬庆红 译

76.《犹太人与现代资本主义》 [德]维尔纳·桑巴特 著 艾仁贵 译

77.《早期基督教与希腊教化》 [德]瓦纳尔·耶格尔 著 吴晓群 译

78.《希腊艺术史》 [美]F.B.塔贝尔 著 殷亚平 译

79.《比较文明研究的理论方法与个案》 [日]伊东俊太郎 梅棹忠夫 江上
    波夫 著 周颂伦 李小白 吴 玲 译

80.《古典学术史:从公元前6世纪到中古末期》 [英]约翰·埃德温·桑兹
    著 赫海迪 译

81.《本笃会规评注》 [奥]米歇尔·普契卡 评注 杜海龙 译

82.《伯里克利:伟人考验下的雅典民主》 [法]樊尚·阿祖莱 著 方颂华 译

83.《旧世界的相遇:近代之前的跨文化联系与交流》 [美]杰里·H.本特利
    著 李大伟 陈冠堃 译 施 诚 校

84.《词与物:人文科学的考古学》修订译本 [法]米歇尔·福柯 著 莫伟民 译

85.《古希腊历史学家》 [英]约翰·伯里 著 张继华 译

86.《自我与历史的戏剧》 [美]莱因霍尔德·尼布尔 著 方 永 译

87.《马基雅维里与文艺复兴》 [意]费代里科·沙博 著 陈玉聃 译

88.《追寻事实:历史解释的艺术》 [美]詹姆士 W.戴维森 著 [美]马克
    H.利特尔著 刘子奎 译

89.《法西斯主义大众心理学》 〔奥〕威尔海姆·赖希 著 张 峰 译

90.《视觉艺术的历史语法》 〔奥〕阿洛瓦·里格尔 著 刘景联 译

91.《基督教伦理学导论》 〔德〕弗里德里希·施莱尔马赫 著 刘 平 译

92.《九章集》 〔古罗马〕普罗提诺 著 应 明 崔 峰 译

93.《文艺复兴时期的历史意识》 〔英〕彼得·伯克 著 杨贤宗 高细媛 译

94.《启蒙与绝望:一部社会理论史》 〔英〕杰弗里·霍松 著 潘建雷 王旭辉 向 辉 译

95.《曼多马著作集:芬兰学派马丁·路德新诠释》 〔芬兰〕曼多马 著 黄保罗 译

96.《拜占庭的成就:公元330～1453年之历史回顾》 〔英〕罗伯特·拜伦 著 周书垚 译

97.《自然史》 〔古罗马〕普林尼 著 李铁匠 译

98.《欧洲文艺复兴的人文主义和文化》 〔美〕查尔斯·G.纳尔特 著 黄毅翔 译

99.《阿莱科休斯传》 〔古罗马〕安娜·科穆宁娜 著 李秀玲 译

100.《论人、风俗、舆论和时代的特征》 〔英〕夏夫兹博里 著 董志刚 译

101.《中世纪和文艺复兴研究》 〔美〕T.E.蒙森 著 陈志坚 等译

102.《历史认识的时空》 〔日〕佐藤正幸 著 郭海良 译

103.《英格兰的意大利文艺复兴》 〔美〕刘易斯·爱因斯坦 著 朱晶进 译

104.《俄罗斯诗人布罗茨基》 〔俄罗斯〕弗拉基米尔·格里高利 耶维奇·邦达连科 著 杨明天 李卓君 译

105.《巫术的历史》 〔英〕蒙塔古·萨默斯 著 陆启宏 等译 陆启宏 校

106.《希腊-罗马典制》 〔匈牙利〕埃米尔·赖希 著 曹 明 苏婉儿 译

107.《十九世纪德国史》 〔英〕海因里希·冯·特赖奇克 著 李 娟 译

108.《通史》 〔古希腊〕波利比乌斯 著 杨之涵 译

109.《苏美尔人》 〔英〕伦纳德·伍雷 著 王献华 魏桢力 译

110.《旧约:一部文学史》 〔瑞士〕康拉德·施密特 著 李天伟 姜振帅 译

111.《中世纪的模型:英格兰经济发展的历史与理论》 〔英〕约翰·哈彻 马可·贝利 著 许明杰 黄嘉欣 译

112.《文人恺撒》 〔英〕弗兰克·阿德科克 著 金春岚 译

113.《罗马共和国的战争艺术》 [英]弗兰克·阿德科克 著 金春岚 译

114.《古罗马政治理念和实践》 [英]弗兰克·阿德科克 著 金春岚 译

115.《神话历史:现代史学的生成》 [以色列]约瑟夫·马里 著 赵琪 译

116.《论人的理智能力及其教育》 [法]爱尔维修 著 汪功伟 译

117.《俄罗斯建筑艺术史:古代至19世纪》 [俄罗斯]伊戈尔·埃马努伊洛维奇·格拉巴里 主编 杨明天 王丽娟 闻思敏 译

118.《论革命:从革命伊始到帝国崩溃》 [法]托克维尔 著 [法]弗朗索瓦丝·梅洛尼奥 编 曹胜超 崇明 译

119.《作为历史的口头传说》 [比]简·范西纳 著 郑晓霞等 译 张忠祥等 校译

120.《过去的诞生》 [美]扎卡里·赛尔·席夫曼 著 梅义征 译

121.《历史与历史学家:理查德·威廉·索森选集》 [英]罗伯特·J.巴特莱特 编著 李腾 译

122.《希腊数学史:从泰勒斯到欧几里得》 [英]托马斯·希思 著 秦传安 译

123.《希腊数学史:从阿利斯塔克到丢番图》 [英]托马斯·希思 著 秦传安 译

124.《古希腊寡头政治:特征与组织形式》 [英]伦纳德·惠布利 著 孙晶晶 李宏伟 翟思诺 译

125.《1914—1918年俄国的粮食市场及其调节》 [苏]尼古拉·德米特里耶维奇·康德拉季耶夫 著 张广翔 钟建平 译

126.《中世纪的图书馆》 [美]詹姆斯·韦斯特福尔·汤普逊 著 张淑清 郑军 译

127.《耶稣时期的犹太世界》 [法]查尔斯·基尼伯特 编 金春岚 译

128.《古希腊智慧》 [英]理查德·利文斯顿 著 张艳 许敏 译

129.《古人的读与写》 [美]威廉·哈里斯 著 崔国强 译

130.《心智、现代性与疯癫:文化对人类经验的影响》 [美]里亚·格林菲尔德 著 祖国霞 柴晚锁 武田田 李晓燕 汤颖 译 吴泽映 校

131.《情感史导论》 [德]扬·普兰佩尔 著 李娟 译

132.《旧制度时期的书报审查制度与文化》 [法]乔治·米努瓦 著 于艳茹 译 卞羽 胡蕴华 校译

欢迎广大读者垂询,垂询电话:021-22895559

图书在版编目(CIP)数据

希腊化文明四讲/(英)约翰·伯里主编;焦汉丰
译.—上海:上海三联书店,2025.1
　ISBN 978-7-5426-8453-0

　Ⅰ.①希⋯　Ⅱ.①约⋯　②焦⋯　Ⅲ.①希腊化时代-
文集　Ⅳ.①K125-53

中国国家版本馆CIP数据核字(2024)第073475号

希腊化文明四讲

主　　　编 / [英]约翰·伯里

译　　　者 / 焦汉丰
责任编辑 / 殷亚平
装帧设计 / 徐　徐
监　　　制 / 姚　军
责任校对 / 王凌霄

出版发行 / 上海三联书店
　　　　　(200041)中国上海市静安区威海路755号30楼
邮　　　箱 / sdxsanlian@sina.com
联系电话 / 编辑部: 021-22895517
　　　　　发行部: 021-22895559
印　　　刷 / 上海展强印刷有限公司

版　　　次 / 2025年1月第1版
印　　　次 / 2025年1月第1次印刷
开　　　本 / 655 mm×960 mm　1/16
字　　　数 / 100千字
印　　　张 / 10
书　　　号 / ISBN 978-7-5426-8453-0/K·776
定　　　价 / 88.00元

敬启读者,如发现本书有印装质量问题,请与印刷厂联系 021-66366565